A ciência de ficar Rico

The Science of Getting Rich (1910)
Wallace D. Wattles

Coordenadora editorial: *Francine C. Silva*

Produtora editorial: *Caroline David*

Tradução: *Dante Luiz*

Preparação: *Rafael Bisoff*

Revisão: *Tainá Fabrin e Silvia Yumi FK*

Capa: *Renato Klisman* ◆ *@rkeditorial*

Projeto gráfico e diagramação: *Bárbara Rodrigues*

Tipografia: *Adobe Caslon Pro*

Impressão: *PlenaPrint*

Dados Internacionais de Catalogação na Publicação (CIP)
Angélica Ilacqua CRB-8/7057

W34c Wattles, Wallace D.

A ciência de ficar rico – Alcance a prosperidade desbloqueando o poder da visualização criativa / Wallace D. Wattles ; tradução de Dante Luiz. -- São Paulo : Book One, 2025.

112 p.

ISBN 978-65-88513-19-4

Título original: *The Science of Getting Rich*

1. Desenvolvimento pessoal 2. Finanças pessoais I. Título

25-2489 CDD 158.1

AUTOR BEST-SELLER MUNDIAL

WALLACE D. WATTLES

A ciência de ficar Rico

ALCANCE A PROSPERIDADE DESBLOQUEANDO O PODER DA VISUALIZAÇÃO CRIATIVA

São Paulo
2025
BOOK ONE

CONTEÚDO

PREFÁCIO

Este livro é pragmático, não filosófico; um manual prático, não um tratado sobre teorias. É pensado para homens e mulheres cuja necessidade mais urgente é ganhar dinheiro; que desejam ficar ricos primeiro e filosofar depois. É para aqueles que, até agora, não acharam nem o tempo, nem os meios, nem as oportunidades para se aprofundar no estudo da metafísica, mas desejam resultados e estão dispostos a transformar as conclusões da ciência em uma base para a ação sem passar por todos os processos através dos quais essas conclusões foram alcançadas.

Espera-se que os leitores tenham fé nestas afirmações fundamentais como teriam fé em afirmações relacionadas à lei da ação elétrica, caso estas fossem promulgadas por um Marconi ou um Edison; e, ao fazê-lo, que provem suas verdades ao colocá-las em prática sem medo ou hesitação. Toda pessoa que fizer isso certamente enriquecerá; pois a ciência aqui aplicada é uma ciência exata, e o fracasso é impossível. Pelo benefício, porém, daqueles que desejam investigar teorias filosóficas e garantir, assim, uma base lógica para a fé, citarei aqui certas autoridades.

A teoria monística do universo monista – a teoria de que Um é Tudo, e que Tudo é Um; que uma Substância se manifesta com o que aparentam ser muitos elementos do mundo material – é de origem hindu, e tem ganhado espaço gradualmente no pensamento do mundo ocidental há duzentos anos. É a fundação de todas as filosofias orientais, e daquelas de Descartes, Spinoza, Leibniz, Schopenhauer, Hegel e Emerson.

Leitores que queiram se aprofundar nos alicerces filosóficos são aconselhados a ler Hegel e Emerson; e farão bem em ler *The Eternal News* [As Novidades Eternas], um panfleto excelente publicado por J. J. Brown, Cathcart Road 300, Govanhill, em Glasgow, na Escócia. Também poderão encontrar ajuda em uma série de artigos escritos pelo autor, que foram publicados na *Nautilus* (Holyoke, no estado de Massachusetts) durante a primavera e o verão de 1909, sob o título *What is Truth?* [O que é a Verdade?]

Ao escrever este livro, sacrifiquei todas as outras considerações quanto à parcimônia e simplicidade de estilo, para que todos possam compreender. O plano de ação explicado aqui foi deduzido das conclusões da filosofia; foi testado minuciosamente e carrega o teste supremo do experimento prático; ele funciona. Se deseja saber como as conclusões foram alcançadas, leia o que os autores mencionados acima escreveram; e, se deseja colher os frutos de suas filosofias na prática, leia este livro e faça exatamente o que diz.

O Autor

CAPÍTULO I
O DIREITO DE SER RICO

Independentemente do que possa ser dito em louvor da pobreza, permanece o fato de que não é possível viver uma vida completa ou bem-sucedida ao menos que se seja rico. Nenhum homem tem como chegar ao máximo de seu talento ou do desenvolvimento de sua alma a não ser que tenha muito dinheiro; pois, para desdobrar a alma e desenvolver o talento, é preciso usar muitas coisas, e não há como ter estas coisas sem dinheiro para comprá-las.

O ser humano desenvolve sua mente, alma e corpo ao fazer uso de coisas, e a sociedade está organizada de tal forma que é necessário ter dinheiro para possuir coisas; dessa forma, a base para qualquer avanço humano deve ser a ciência de ficar rico.

O objeto de toda vida é o desenvolvimento; e tudo que vive tem um direito inalienável de ter todo o desenvolvimento que for capaz de conseguir.

O direito do homem à vida significa seu direito de ter o uso irrestrito e livre de todas as coisas que possam ser necessárias para a totalidade de seu desdobramento mental, espiritual e físico; em outras palavras, o direito de ser rico.

Neste livro, não vou falar de riqueza de forma figurativa; ser verdadeiramente rico não significa ficar satisfeito ou contente com pouco. Ninguém deveria ficar satisfeito com pouco se for capaz de usar ou aproveitar mais. O propósito da Natureza é o avanço e desdobramento da vida; e todos deveriam ter tudo que possa contribuir com o poder, a elegância, a beleza e a riqueza da vida; ficar contente com menos é pecaminoso.

O homem que possui tudo que deseja para levar a vida que é capaz de viver é rico; e nenhum homem que não possui muito dinheiro pode levar a vida que deseja. A vida já avançou tanto, e se tornou tão complexa, que até mesmo a pessoa mais ordinária requer uma grande quantidade de riqueza para se tornar o que é capaz de se tornar; este desejo de realizar possibilidades inatas é inerente à natureza humana; não podemos evitar ser tudo que podemos ser. O sucesso na vida é se tornar o que quer ser; só é possível se tornar o que quer ser ao fazer uso de coisas, e só pode ter uso livre dessas coisas quem tiver dinheiro o bastante para comprá-las. Compreender a ciência de ficar rico é, então, o conhecimento mais essencial de todos.

Não há nada de errado em querer ficar rico. Desejar a riqueza é, na verdade, desejar uma vida mais rica, mais plena e mais abundante; e esse desejo é digno de aplauso. O homem que não deseja viver de forma mais abundante é anormal, assim como o homem que não deseja ter dinheiro o bastante para comprar tudo que quiser é anormal.

Há três motivos pelos quais vivemos; vivemos pelo corpo, vivemos pela mente e vivemos pela alma. Nenhuma dessas coisas é melhor ou mais sagrada do que a outra; todas são igualmente desejáveis, e nenhuma das três – o corpo, a mente ou a alma – pode viver plenamente se as outras forem privadas de vida e expressão. Não é correto ou nobre viver apenas para a alma e negar a mente ou o corpo; e é errado viver pelo intelecto e negar o corpo e a alma.

Todos estamos familiarizados com as consequências detestáveis de viver para o corpo e negar tanto a mente quanto a alma; e todos vemos que a vida real significa a expressão completa de tudo que as pessoas podem passar adiante através do corpo, da mente e da alma. Independentemente do que disserem, nenhuma pessoa pode ser realmente feliz ou satisfeita a não ser que seu corpo esteja vivendo plenamente em todas suas funções, e a não ser que o mesmo possa ser dito sobre sua mente e sua alma. Onde quer que exista possibilidade não expressada ou função que não foi colocada em prática, há desejo insatisfeito. O desejo é a possibilidade buscando expressão, ou a função buscando o desempenho.

Uma pessoa não pode viver de forma plena no corpo sem boa comida, roupas confortáveis e um bom lar; e sem liberdade de trabalho excessivo. Descanso e recreação também são necessários para sua vida física.

Uma pessoa não pode viver de forma plena em sua mente sem livros e tempo para estudá-los, sem oportunidade de viajar e observar, ou sem companhia intelectual.

Para viver de forma plena na mente, ela deve ter recreações intelectuais e deve se cercar de arte e beleza que seja capaz de usufruir e apreciar. Para viver plenamente na alma, a pessoa precisa ter amor; e a pobreza nega a expressão do amor.

A maior felicidade do ser humano é encontrada na concessão de benefícios àqueles que ama; o amor encontra sua expressão mais natural e espontânea no ato da doação. A pessoa que não tem nada para dar não pode preencher seu lugar na família ou na sociedade É no uso de coisas materiais que uma pessoa encontra vida plena para seu corpo, desenvolve sua mente e desdobra sua alma. Portanto, é de suprema importância para que uma pessoa consiga alcançar a riqueza.

É perfeitamente correto desejar ser rico. Se você é um homem ou uma mulher normal, não pode deixar de fazê-lo. É perfeitamente correto que você preste atenção à Ciência de Ficar Rico, pois é o mais nobre e necessário de todos os estudos. Se você negligenciar esse estudo, negligenciará seu dever para consigo mesmo, para com Deus e para com a humanidade; pois você não prestará a Deus e à humanidade serviço maior do que dar o máximo de si mesmo.

CAPÍTULO II
EXISTE UMA CIÊNCIA DE FICAR RICO

Existe uma Ciência de ficar rico, e é uma ciência exata, como a álgebra ou a aritmética. Há certas leis que governam o processo de adquirir riqueza; assim que estas leis são aprendidas e obedecidas, qualquer pessoa ficará rica, com certeza matemática.

A posse de dinheiro e propriedade vem como resultado de fazer as coisas de determinada maneira; aqueles que fazem as coisas desta Determinada Maneira, seja de propósito ou acidentalmente, ficam ricas; enquanto aqueles que não fazem as coisas desta Determinada Maneira, por mais que trabalhem ou sejam capazes, continuam pobres.

É uma lei natural que causas semelhantes sempre produzem efeitos semelhantes. Portanto, qualquer pessoa que aprenda a fazer as coisas dessa Determinada Maneira, com certeza enriquecerá.

Que a afirmação acima é verdadeira é demonstrado pelos seguintes fatos:

Ficar rico não é uma questão de ambiente, pois, se fosse, todas as pessoas em certas regiões se tornariam ricas. Toda a população de uma cidade seria toda rica, enquanto as de outra cidade seria pobre. Todos os habitantes de um estado viveriam em riqueza, enquanto os de um estado vizinho estariam na pobreza.

Mas em todo lugar vemos ricos e pobres vivendo lado a lado, no mesmo ambiente, e com frequência com as mesmas profissões. Quando duas pessoas estão no mesmo local, e no mesmo negócio, e uma fica rica enquanto a outra continua pobre, isso mostra que ficar rico não é, a princípio, uma questão de ambiente. Alguns ambientes podem ser mais favoráveis do que outros, mas quando duas pessoas engajadas no mesmo negócio estão na mesma vizinhança, e um enriquece enquanto o outro fracassa, isso indica que enriquecer é o resultado de fazer as coisas de uma Determinada Maneira.

Indo além, a capacidade de fazer as coisas dessa Determinada Maneira não se deve somente à posse de talento e vocação, pois muitas pessoas talentosas continuam pobres, enquanto outras sem vocação nenhuma conseguem enriquecer.

Estudando as pessoas que enriqueceram, descobrimos que são um grupo mediano em todos os aspectos, não tendo maiores talentos e habilidades do que outras pessoas. É evidente que elas não ficam ricas porque possuem um talento que outras pessoas não possuem, mas porque fizeram as coisas de uma Determinada Maneira.

Enriquecer não é resultado de poupança ou economia; muitas pessoas mesquinhas são pobres, enquanto os gastadores geralmente conseguem enriquecer.

Enriquecer também não é fazer coisas que outras pessoas não conseguem fazer, pois duas pessoas no mesmo negócio muitas vezes fazem quase exatamente as mesmas coisas, enquanto uma fica rica e a outra continua pobre ou vai à falência.

Considerando tudo isso, chegamos à conclusão de que enriquecer é o resultado de fazer as coisas de uma Determinada Maneira.

Se enriquecer é o resultado de fazer as coisas de uma Determinada Maneira, e se causas semelhantes sempre produzem efeitos semelhantes, então qualquer pessoa que consegue fazer as coisas dessa maneira pode ficar rico, e toda a questão se torna uma ciência exata.

A questão que surge aqui é se esse Determinado Caminho não pode ser tão difícil que apenas algumas pessoas são capazes de segui-lo. Isso não pode ser verdade, como vimos, no que diz respeito à vocação natural. Pessoas talentosas conseguem enriquecer, e pessoas medíocres conseguem enriquecer; pessoas com intelectos brilhantes conseguem enriquecer, e pessoas muito estúpidas conseguem enriquecer; pessoas fortes conseguem enriquecer, e pessoas fracas e acometidas por doenças conseguem enriquecer.

Algum grau de raciocínio e compreensão é, naturalmente, essencial; mas no que diz respeito à vocações naturais, qualquer pessoa com bom senso suficiente para ler e entender estas palavras com certeza pode ficar rico.

Também vimos que não é uma questão de ambiente. Uma boa localização certamente tem valor; ninguém bem no meio do Deserto do Saara teria negócios bem-sucedidos.

Ficar rico envolve a necessidade de lidar com outras pessoas, e de estar onde há pessoas com quem lidar. Se essas pessoas estão inclinadas a lidar da maneira que você quer lidar, tanto melhor. Mas o ambiente só importa até aí.

Se alguém na sua cidade pode enriquecer, você também pode. Se outra pessoa do seu estado pode enriquecer, você também pode.

Mais uma vez, não é uma questão de escolher um negócio ou profissão em particular. Pessoas podem enriquecer em todos os negócios e em todas as profissões, enquanto seus vizinhos na mesma vocação podem continuar na pobreza.

É verdade que você se sairá melhor em negócios de que você gosta e que sejam agradáveis para você. Se você tem certos talentos bem desenvolvidos, você se sairá melhor em negócios que exercitem esses talentos.

Além disso, você se sairá melhor em negócios adequados para o local em que você vive. Uma sorveteria se sairia melhor em um clima quente do que na Groenlândia, e uma peixaria de salmão teria mais sucesso no Noroeste dos Estados Unidos do que na Flórida, onde não há salmão.

Tirando essas limitações gerais, enriquecer não depende de você se envolver em algum negócio em particular, mas de aprender a fazer as coisas de Determinada Maneira. Se você está fazendo negócios no mesmo local onde outra pessoa do mesmo ramo está enriquecendo enquanto você permanece pobre, é porque a pessoa está fazendo as coisas de Determinada Maneira, e você, não.

Ninguém será impedido de enriquecer por falta de capital. É verdade, conforme você ganha mais capital, a multiplicação se torna mais fácil e rápida, mas quem tem dinheiro já é rico, e não precisa se preocupar em chegar lá. Não importa o quão pobre você seja, se começar a fazer as coisas de Determinada Maneira, eventualmente enriquecerá, e começará a ganhar capital. O ganho de capital é parte do processo de ficar rico, e é parte do resultado que invariavelmente segue a realização das coisas na Determinada Maneira.

Você pode ser a pessoa mais miserável do continente e estar profundamente endividada; você pode não ter amigos, influência ou nenhum tipo recursos; mas se você começar a fazer as coisas dessa Maneira, você infalivelmente enriquecerá, pois causas semelhantes devem produzir efeitos semelhantes. Se você não tem capital, você pode obter capital. Se você está no negócio errado, você pode entrar no negócio certo. Se você está no local errado, você pode ir para o local certo. E você pode fazer isso *começando nos seus negócios atuais e em sua localização atual* para fazer as coisas na Determinada Maneira até gerar sucesso.

CAPÍTULO III
AS OPORTUNIDADES PODEM SER MONOPOLIZADAS?

Ninguém permanece pobre porque não teve oportunidade, ou porque outras pessoas colocaram uma cerca em volta da riqueza, monopolizando-a. Você pode ser impedido de se envolver em certos negócios, mas haverá outros canais abertos para você. É provável que seja difícil obter o controle de um grande sistema ferroviário, já que esse campo é bastante monopolizado. Mas o negócio ferroviário elétrico ainda oferece muito espaço para empreendedores, e levará apenas alguns anos até que o tráfego e o transporte aéreo se tornem uma grande indústria e, em todas suas ramificações, trarão empregos a centenas de milhares e talvez a milhões de pessoas. Por que não virar sua atenção ao desenvolvimento do transporte aéreo, em vez de competir com

J.J. Hill, o magnata ferroviário, por uma chance no mundo das ferrovias a vapor?

É verdade que se você for um trabalhador siderúrgico, você tem poucas chance de se tornar o dono da planta na qual trabalha; mas também é verdade que se você começar a agir de uma Determinada Maneira, você pode logo deixar o emprego siderúrgico, investir em uma fazenda de dez a quarenta acres, e se tornar um produtor de alimentos. A agricultura é um ramo com grandes oportunidades de sucesso. Você pode até dizer que é impossível obter a terra, mas provarei para você que não é impossível, e que certamente poderá obter uma fazenda se você trabalhar de uma Determinada Maneira.

A maré de oportunidades segue diferentes direções em diferentes períodos, de acordo com as necessidades do Todo, e o estágio particular de evolução social que já foi alcançado. Na atualidade, nos Estados Unidos, essa maré de oportunidades está se direcionando para a agricultura, assim como outros ramos e profissões nessa mesma área. Hoje, a oportunidade se abre mais diante do fazendeiro, mais do que diante do operário de fábrica. O mesmo pode ser dito da maré de oportunidades diante do empreendedor que fornece ao fazendeiro mais do que diante daquele que fornece ao operário de fábrica, e do profissional que atende ao fazendeiro mais do que diante daquele que serve à classe trabalhadora.

Há uma abundância de oportunidades para a pessoa que segue a maré, em vez de tentar nadar contra ela.

Até mesmo os operários de fábrica, seja como indivíduos ou como classe, não são privados de oportunidades. Os trabalhadores não estão sendo mantidos na pobreza por seus empregadores; eles não estão sendo "esmagados" pelos trustes e pelo capital. Como classe, eles estão onde estão porque não fazem as coisas de uma Determinada Maneira. Se os trabalhadores dos Estados Unidos escolhessem assim agir, poderiam seguir o exemplo de seus irmãos na Bélgica e em outros países, e estabelecer grandes lojas de departamento e indústrias cooperativas. Eles poderiam se tornar políticos de sua própria classe para cargos públicos, e aprovar leis favorecendo o desenvolvimento de tais indústrias cooperativas, e em poucos anos poderiam tomar posse pacífica do campo industrial.

A classe trabalhadora pode se tornar a classe dominante sempre que começar a fazer as coisas de uma Determinada Maneira. Eles devem aprender que a lei da riqueza é a mesma para todos, e permanecerão onde estão enquanto continuarem a fazer o que fazem. O trabalhador individual, no entanto, não pode ser parado pela ignorância ou pela preguiça mental de sua classe. Ele também pode seguir a maré de oportunidade para a riqueza, e este livro lhe dirá como.

Ninguém é mantido na pobreza por uma escassez no suprimento de riquezas; há mais do que o suficiente para todos. Todas as famílias do planeta poderiam construir um palácio tão grande quanto o capitólio em Washington a partir do material de construção que existe nos Estados Unidos. Da mesma forma, sob cultivo intensivo, este país poderia produzir lã, algodão, linho e seda o suficiente para vestir cada pessoa no mundo mais finamente do que Salomão estava vestido no auge de sua glória, junto com comida suficiente para alimentá-los a todos luxuosamente. O suprimento visível é praticamente inesgotável, e o suprimento invisível *é* inesgotável.

Tudo o que você vê na Terra é feito de uma substância original, de onde vêm todas as coisas.

Novas formas estão sendo criadas todos os dias, substituindo as mais antigas; mas todas são formas feitas de Uma Coisa.

Não há limite para o suprimento da Matéria Sem Forma, ou da Substância Original. O universo é feito dela, mas ela não se extinguiu na criação do universo. Os espaços dentro, através e entre as formas do universo visível são permeados e preenchidos pela Substância Original, com a Matéria Sem Forma, com a matéria-prima de todas as coisas. Dez mil vezes mais do que foi feito ainda poderia ser feito, e mesmo assim não teríamos esgotado o suprimento de matéria-prima universal.

Ninguém é pobre, portanto, porque a natureza é pobre, ou porque não há o suficiente para todos.

A natureza é um depósito inesgotável de riquezas; o suprimento nunca vai faltar. A Substância Original pulsa com energia criativa e todos os dias produz novas formas. Quando o material de construção se esgota, mais será produzido; quando o solo se esgota de modo que o alimento e a matéria-prima para a criação de roupas não cresçam mais nele, ele será renovado ou mais solo será feito. Quando todo o ouro e prata tiverem sido extraídos da terra, se o ser humano ainda estiver em tal estágio de desenvolvimento social que precisa de ouro e prata, mais será produzido com a Matéria Sem Forma. A Matéria Sem Forma responde a todas às necessidades do ser humano; ela não nos deixará ficar sem nenhuma coisa boa.

Isto é verdade para toda a humanidade. A raça humana como um todo é sempre abundantemente rica, e, se os indivíduos são pobres, é porque eles não seguem o Determinado Caminho de fazer as coisas que pode trazer riquezas a qualquer indivíduo.

A Matéria Sem Forma é inteligente, é uma matéria que pensa. Ela é viva e sempre impelida em direção a mais vida.

É o impulso natural e inerente da vida buscar viver mais; é a natureza da inteligência se expandir, e da consciência buscar estender seus limites e encontrar uma expressão mais plena. O universo das formas foi feito pela Substância Viva Sem Forma, se lançando na forma para se expressar mais plenamente.

O universo é uma grande Presença Viva, sempre indo em direção a mais vida e a um funcionamento mais pleno.

A natureza se cria para o avanço da vida; seu motivo de existir é o aumento da vida. Por isso, tudo o que pode ministrar à vida é provido com abundância; não pode haver falta, a menos que Deus se contradiga e anule sua própria obra.

Você não continua pobre pela falta de suprimento de riquezas; é um fato que demonstrarei um pouco mais adiante que até mesmo os recursos do Suprimento Sem Forma estão sob o comando da pessoa que agir e pensar de uma Determinada Maneira.

CAPÍTULO IV
O PRIMEIRO PRINCÍPIO DA CIÊNCIA DE FICAR RICO

O pensamento é o único poder que pode produzir riquezas tangíveis da Substância Sem Forma. A matéria da qual todas as coisas são feitas é uma substância que pensa, e um pensamento de forma nessa substância produz a forma.

A Substância Original se move de acordo com seus pensamentos; toda forma e processo visto na natureza é a expressão visível de um pensamento na Substância Original. Quando a Matéria Sem Forma pensa em uma forma, ela toma essa forma; quando pensa em um movimento, ela reproduz aquele movimento. É assim que todas as coisas foram criadas. Vivemos em um mundo pensado, que é parte de um universo pensado.

O pensamento de um universo em movimento estendido por toda a Substância Sem Forma, e a Matéria Pensante se movendo de acordo com esse pensamento, tomou a forma de sistemas planetares, e mantém essa forma. A Substância Pensante toma a forma de seu pensamento, e se move de acordo com esse pensamento. Ao manter a ideia de um sistema circular de sóis e mundos, ela toma a forma desses corpos e os move enquanto pensa. Pensa a forma de um carvalho crescendo lentamente, e produz a árvore, mesmo que séculos sejam necessários para esse trabalho. Ao criar, a Substância Sem Forma parece se mover de acordo com as linhas de movimento que estabeleceu; o pensamento de um carvalho não causa a formação instantânea da árvore, junto de linhas estabelecidas de crescimento.

Cada pensamento de forma, mantido na Substância Pensante, causa a criação da forma, mas sempre, ou pelo menos no geral, ao longo de linhas de crescimento e ação já estabelecidas.

A ideia de um certo tipo de casa, se fosse impressa na Substância Sem Forma, poderia não causar a formação instantânea da casa; mas causaria a transformação de energias criativas já trabalhando no comércio e na indústria em canais que resultariam na construção da casa. E se não houvesse canais existentes através dos quais a energia criativa pudesse trabalhar, então a casa seria formada diretamente da substância primária, sem precisar passar pelos lentos processos do mundo orgânico e inorgânico.

Nenhum pensamento de forma pode ser impresso na Substância Original sem causar a criação da forma.

O ser humano é um ser inteligente, e pode originar pensamento. Todas as formas que o ser humano molda com suas mãos devem primeiro existir em seu pensamento; ele não pode moldar uma coisa até que tenha pensado nela.

E até agora o ser humano tem confinado seus esforços inteiramente ao trabalho de suas mãos. Ele tem aplicado trabalho manual ao mundo das formas, buscando mudar ou modificar aquelas já existentes. Ele nunca pensou em tentar criar novas formas, imprimindo seus pensamentos sobre a Substância Sem Forma.

Quando um ser humano tem uma forma-pensamento, ele toma material das formas da natureza e faz uma imagem da forma que está em sua mente. Ele tem, até agora, feito pouco ou quase nenhum esforço para cooperar com a Inteligência Sem Forma; para trabalhar "com o Pai". Ele não sonhou que pode "fazer o que o Pai faz". O ser humano remodela e modifica formas existentes pelo meio do trabalho manual. Ele não deu atenção à questão de se ele não pode ou não produzir coisas a partir da Substância Sem Forma ao comunicar seus pensamentos a ela. Propomos provar que o ser humano tem capacidade para fazer tal coisa; provar que qualquer pessoa pode fazer isso e mostrar o modo de fazê-lo. Como nosso primeiro passo, devemos estabelecer três proposições fundamentais.

Primeiro, afirmamos que há uma matéria original sem forma, ou substância, da qual nascem todas as coisas. Todos os muitos elementos são apenas apresentações diferentes de um mesmo elemento; todas as muitas formas encontradas na natureza orgânica e inorgânica são apenas formas diferentes, feitas da mesma matéria. E essa matéria é uma matéria pensante; um pensamento contido nela produz a forma do pensamento. O pensamento, na substância pensante, produz formas. O ser humano é um ser pensante, capaz de criar um pensamento original; se um ser humano pode comunicar seu pensamento à substância pensante original, ele pode causar a criação, ou formação, da coisa em que pensa. Resumindo:

- *Existe uma matéria pensante da qual todas as coisas são feitas e que, em seu estado original, permeia, penetra e preenche todos os espaços intermédios do universo.*

- *Um pensamento, nesta substância, produz todas as coisas imaginadas pelo pensamento.*
- *O ser humano pode formar qualquer coisa em seu pensamento e, ao imprimir seu pensamento sobre uma substância sem forma, pode fazer com que a coisa em que pensa seja criada.*

Pode ser que me perguntem se posso provar tais afirmações. Sem entrar em detalhes, respondo que posso fazê-lo, tanto pela lógica quanto pela experiência.

Raciocinando a partir dos fenômenos da forma e do pensamento, chego a uma substância pensante original e, raciocinando a partir dessa substância pensante, chego ao poder de o ser humano causar a formação da coisa em que pensa.

E pela experiência, descobri que o raciocínio é verdadeiro; e esta é minha prova mais forte.

Se a pessoa que lê este livro enriquece fazendo o que ele lhe diz para fazer, isso é uma evidência que apoia minha afirmação; mas se todos que fazem o que ele lhe diz para fazer enriquecem, isso é uma prova positiva até que alguém passe pelo processo e falhe. A teoria é verdadeira até que o processo falhe, e esse processo não falhará, pois todos que fizerem exatamente o que este livro lhes diz para fazer enriquecerão.

Eu disse que pessoas enriquecem fazendo as coisas de uma Determinada Maneira, e, para fazer isso, as pessoas devem se tornar capazes de pensar de uma determinada maneira.

A maneira como uma pessoa faz as coisas é o resultado direto da maneira como ela pensa sobre as coisas.

Para fazer as coisas do jeito que você quer, você terá que adquirir a habilidade de pensar do jeito que você quer pensar; esse é o primeiro passo para ficar rico.

Pensar o que você quer pensar é pensar a VERDADE, independentemente das aparências.

Todo mundo tem o poder natural e inerente de pensar o que quiser, mas isso requer muito mais esforço do que pensar os pensamentos que são sugeridos pelas aparências. Pensar de acordo com as aparências é fácil; pensar a verdade independentemente das aparências é trabalhoso e requer mais poder do que qualquer outro trabalho que uma pessoa pode executar.

Não há trabalho do qual a maioria das pessoas se esquive tanto quanto do trabalho do pensamento constante; é o trabalho mais difícil do mundo. Isso é tão verdadeiro quando a verdade é contrária às aparências. Cada aparência no mundo visível tende a produzir uma forma correspondente na mente que a observa, e isso só pode ser prevenido ao se cultivar o pensamento da VERDADE.

Olhar para a aparência da doença produzirá a forma da doença em sua mente e, enfim, em seu corpo, a menos que você tenha o pensamento da verdade, o qual é que não existe doença; é apenas uma aparência, e a realidade é saúde.

Olhar para as aparências da pobreza produzirá formas correspondentes à pobreza em sua mente, a menos que você se apegue à verdade de que não existe pobreza; existe apenas abundância.

Pensar em saúde quando se está cercado pelas aparências da doença, ou pensar em riquezas quando se está cercado nas aparências da pobreza, requer poder; mas a pessoa que adquire esse poder se torna um MESTRE DA MENTE. Essa pessoa poderá conquistar o destino; poderá ter o que quiser.

Esse poder só pode ser adquirido ao compreender o fato básico que está por trás de todas as aparências: existe uma Substância Pensante, e todas as coisas são feitas dela.

Então, devemos compreender a verdade de que todo pensamento contido nesta substância se torna uma forma, e que o ser humano pode impor seus pensamentos nela de modo a fazê-los tomar forma e se tornarem realidade.

Quando conseguimos perceber isso, perdemos toda dúvida e medo, pois sabemos que podemos criar o que queremos criar, podemos obter o que queremos ter e podemos nos tornar o que queremos ser. O primeiro passo que se deve tomar para se tornar rico é acreditar nas três declarações fundamentais dadas anteriormente neste capítulo; e, para enfatizá-las, eu as repito aqui:

- *Existe uma matéria pensante da qual todas as coisas são feitas e que, em seu estado original, permeia, penetra e preenche todos os espaços intermédios do universo.*
- *Um pensamento, nesta substância, produz todas as coisas imaginadas pelo pensamento.*
- *O ser humano pode formar qualquer coisa em seu pensamento e, ao imprimir seu pensamento sobre uma substância sem forma, pode fazer com que a coisa em que pensa seja criada.*

Você deve deixar de lado todos os outros conceitos do universo além deste monístico; e você deve focar nele e os decorar até que se torne seu pensamento principal. Leia essas declarações de credo repetidamente; fixe cada palavra em sua memória e medite sobre elas até que você acredite no que elas dizem. Se uma dúvida vier a você, abandone-a como um pecado. Não dê ouvidos a argumentos contra essa ideia; não vá a igrejas ou palestras onde um conceito contrário das coisas lhe é pregado ou ensinado. Não leia revistas ou livros que ensinam uma ideia diferente; se você se confundir em sua fé, todos os seus esforços serão em vão.

Não pergunte por que essas coisas são verdadeiras, nem especule sobre como elas podem ser verdadeiras; apenas confie nelas.

A ciência de ficar rico começa com a aceitação absoluta dessa fé.

CAPÍTULO V
PROGREDINDO NA VIDA

Você deve se livrar do último vestígio da velha ideia de que existe uma Divindade cuja única vontade é que você seja pobre, ou cujos propósitos podem ser atendidos ao manter você na pobreza.

A Substância Inteligente que é Tudo e está em Tudo, e que também vive em você, é uma Substância Viva e Consciente. Sendo uma substância que vive em consciência, Ela deve ter o desejo natural de progredir na vida, inerente a todo ser inteligente. Todo ser vivo deve buscar a ampliação de sua vida, porque a vida, no mero ato de viver, deve multiplicar-se

Uma semente, jogada na terra, ativa-se e, no ato da vida, produz mais cem sementes. A vida, ao viver, se multiplica. Ela está sempre se Tornando Mais; ela deve fazer isso, se deseja continuar a ser.

A inteligência tem essa mesma ânsia de progresso contínuo. Cada pensamento que pensamos nos faz pensar ainda mais. Nossa consciência está em constante expansão. Cada fato que aprendemos nos leva ao aprendizado de outro fato; o conhecimento está em constante expansão. Cada talento que cultivamos traz à mente o desejo de cultivar outro talento; estamos sujeitos ao impulso da vida, buscando expressão, que sempre nos impulsiona a saber mais, a fazer mais e a ser mais.

Para saber mais, fazer mais e ser mais, precisamos ter mais. Precisamos ter coisas para usar, pois aprendemos, fazemos e nos tornamos, apenas quando estamos usando coisas. Precisamos ficar ricos, para que possamos viver mais. O desejo por riquezas é apenas a capacidade de uma vida de buscar realizar-se plenamente. Todo desejo é o esforço de uma possibilidade não expressa de entrar em ação. É o poder buscando se manifestar que realiza o desejo. Aquilo que faz você querer mais dinheiro é o mesmo que faz a planta crescer; é a Vida buscando uma expressão mais plena.

A Substância Viva e Una deve estar sujeita a esta lei inerente a toda a vida. Ela é permeada pelo desejo de viver mais, e é por isso que ela tem a necessidade de criar coisas.

A Substância Una deseja viver dentro de você; por isso, ela quer que você tenha todas as coisas que pode usar.

É a vontade de Deus que você enriqueça. E Ele quer que você fique rico porque Ele pode se expressar melhor através de você se você tiver mais coisas para usar. Ele pode viver mais dentro de você se você tiver comando ilimitado dos meios de vida.

O universo deseja que você tenha tudo o que deseja ter.

A natureza é amigável aos seus planos.

Tudo pode pertencer a você.

Tenha convicção de que isso é verdade.

É essencial, no entanto, que *seu propósito esteja em harmonia com o propósito que está em Tudo.*

Você deve querer uma vida verdadeira, não mero prazer ou gratificação sensual. A vida é a performance de uma função, e o indivíduo só verdadeiramente vive quando ele desempenha cada função, física, mental e espiritual, da qual ele é capaz, mas sem exageros.

Você não pode querer ficar rico para viver de forma egoísta, para a satisfação de desejos irracionais; isso não é vida. Mas o desempenho de cada função física é uma parte da vida, e ninguém que vive por completo se nega aos impulsos do corpo de se expressar de forma normal e saudável.

Você não pode querer ficar rico apenas para desfrutar de prazeres mentais, para obter conhecimento, para satisfazer a ambição, para ofuscar os outros, para ser famoso. Tudo isso é uma parte legítima da vida, mas o indivíduo que vive somente para os prazeres do intelecto terá apenas uma vida parcial, e nunca estará satisfeito com o que tem.

Você não pode querer ficar rico somente para o benefício alheio, para sacrificar-se pela salvação da humanidade, para experimentar as alegrias da filantropia e do sacrifício. As alegrias da alma são apenas uma parte da vida, e não são melhores ou mais nobres do que qualquer outra parte.

Você deve querer ficar rico para poder comer, beber e se divertir no momento certo; para se cercar de coisas bonitas, visitar lugares distantes, alimentar sua mente e desenvolver seu intelecto; para poder amar a humanidade e fazer coisas boas, e ser capaz de desempenhar um bom papel em ajudar o mundo a melhorar.

Mas lembre-se de que o altruísmo extremo não é melhor nem mais nobre que o egoísmo extremo; ambos são atitudes erradas. Livre-se da ideia de que Deus quer que você se sacrifique pelos outros, que você só conseguirá o que quer ao ser altruísta ao extremo; Deus não exige nada disso.

O que ele quer é que você aproveite ao máximo a si mesmo, para si mesmo e para os outros; e *você pode ajudar mais os outros aproveitando ao máximo a si mesmo do que de qualquer outra forma.*

Você só pode tirar o máximo proveito de si mesmo enriquecendo. Por isso é justo e louvável que você dedique inteiramente ao trabalho de enriquecer.

Lembre-se, porém, de que a Substância quer o bem de todos, e que ela age para que todos vivam melhor. Ela não pode ser empregada para piorar a vida para ninguém, porque ela está presente em todos, buscando riquezas e vida para todos.

A Substância Inteligente fará coisas por você, mas não tirará coisas de outra pessoa para dá-las a você.

Você deve se livrar do pensamento de competição. Você deve criar, não competir pelo que já foi criado. Você não precisa tirar nada de ninguém. Você não precisa fazer grandes negócios. Você não precisa trapacear, ou tirar vantagem de nada nem de ninguém. Você não precisa deixar nenhum funcionário trabalhar por você por menos do que ele ganha.

Você não precisa cobiçar a propriedade alheia, ou encará-la com inveja; ninguém tem nada que você não possa ter, nem precisa tirar do outro para ter para si.

Você deve cultivar uma mente criadora, não uma mente competidora; você vai conseguir o que quer, mas de tal forma que, quando conseguir, todas as outras pessoas terão mais do que têm agora.

Estou ciente de que há indivíduos que ganham uma fortuna procedendo em oposição direta às declarações do parágrafo acima, e para isso posso acrescentar uma explicação: indivíduos do tipo plutocrático, que se tornam muito ricos, às vezes o fazem puramente por sua extraordinária habilidade no plano da competição; e às vezes eles inconscientemente se relacionam com a Substância em seus grandes propósitos e movimentos por meio da evolução industrial. Rockefeller, Carnegie, Morgan e semelhantes foram os agentes inconscientes do Supremo no trabalho necessário de sistematizar e organizar a indústria produtiva; e no final, seu trabalho em muito contribuirá para a melhoria de vida de todos. Seus dias estão quase no fim; eles organizaram a produção e *logo serão sucedidos pelos agentes da multidão, que organizarão a maquinaria de distribuição.*

Os multimilionários são como os dinossauros da era pré-histórica; eles desempenham um papel necessário no processo evolutivo, mas o mesmo Poder que os produziu vai descartá-los. E é bom ter em mente que eles nunca foram verdadeiramente ricos; um registro das vidas privadas da maioria dessa classe mostrará que, na verdade, eles foram os mais abjetos e miseráveis dos pobres.

Riquezas conquistadas pelo meio da competição nunca são satisfatórias e permanentes; elas são suas hoje, e de outro amanhã. Lembre-se, se você quer ficar rico de uma forma científica e certa, você deve se livrar do pensamento competitivo. Você nunca deve pensar, nem por um único momento, que o suprimento é limitado. Assim que você começa a pensar que todo o dinheiro está sendo retido e controlado por banqueiros, e que você deve se esforçar para fazer leis aprovadas para interromper esse processo, e assim por diante; nesse momento você cai na armadilha da competição, e seu poder de criar desaparece.

SAIBA que ainda há milhões de dólares em ouro nas montanhas da Terra, ouro que ainda não foi explorado; e saiba que, se não houvesse, mais seria criado a partir da Substância Pensante para suprir suas necessidades.

SAIBA que o dinheiro que você precisa um dia virá, mesmo que seja necessário que mil novas minas de ouro sejam descobertas amanhã.

Nunca foque no suprimento visível; foque sempre nas riquezas ilimitadas na Substância Sem Forma, e SAIBA que elas estão chegando a você tão rápido quanto você pode recebê-las e usá-las. Ninguém, ao encurralar o suprimento visível, pode impedi-lo de obter o que é seu.

Então nunca se permita pensar, nem por um instante, que todos os melhores terrenos para construção já estão ocupados antes de você se preparar para construir sua casa, a menos que você se apresse. Nunca se preocupe com os trustes e combinações, nem fique com medo de que eles venham tomar posse de suas terras. Nunca tenha medo de perder o que você quer porque outra pessoa "chegou antes de você". Isso não pode acontecer; você não está buscando nada que já pertence a qualquer outra pessoa; você está causando o que você quer que seja criado a partir da Substância Sem Forma, e o suprimento é sem limites. Atenha-se à seguinte declaração:

- *Existe uma matéria pensante da qual todas as coisas são feitas e que, em seu estado original, permeia, penetra e preenche todos os espaços intermédios do universo.*
- *Um pensamento, nesta substância, produz todas as coisas imaginadas pelo pensamento.*

- *O ser humano pode formar qualquer coisa em seu pensamento e, ao imprimir seu pensamento sobre uma substância sem forma, pode fazer com que a coisa em que pensa seja criada.*

CAPÍTULO VI
COMO AS RIQUEZAS CHEGAM ATÉ VOCÊ

Quando digo que você não precisa fazer negócios acirrados, não quero dizer que você não precisa dirigir nenhum negócio, ou que você está acima da necessidade de ter que negociar com seus semelhantes. Quero apenas dizer que você não precisará lidar com eles de forma injusta. Você não precisa pegar algo em troca de nada, *mas pode dar a cada pessoa mais do que você recebe.*

Você não pode lhes dar mais em valor monetário à vista do que você ganhou deles, mas você pode dar a eles mais em valor utilitário do que o valor monetário que obteve deles. O papel, a tinta e outros materiais neste livro podem não valer o dinheiro que você pagou por eles; mas se as ideias sugeridas por ele trouxerem a você milhares de dólares, você não foi prejudicado por aqueles que o venderam para você. Eles lhe deram um enorme valor utilitário por um pequeno valor em dinheiro.

Vamos supor que eu possua um quadro de um grande artista, que, no nosso contexto, vale milhares de dólares. Eu o mostro o para uma pessoa de outra cultura, e com meu poder de negociação, eu o troco por um fardo de peles, de menor valor. Eu realmente a enganei, pois aquele quadro não tem utilidade para essa pessoa. Não lhe atribui nenhum valor utilitário, e ele não acrescentará nada à sua vida.

Mas suponha que eu lhe dê uma ferramenta no valor de cinquenta dólares por suas peles. Essa pessoa então fez um bom negócio. Ela poderá usar aquela ferramenta, ela lhe dará muito mais peles e muita comida. Ela acrescentará à sua vida em todos os sentidos; ela tornará esse indivíduo rico.

Quando você sai do plano competitivo para o plano criativo, você pode examinar suas transações comerciais com muito mais rigor, e se você estiver vendendo algo a uma pessoa que não some algo mais à sua vida do que a coisa que ela lhe dá em troca, você terá recursos para parar. Você não precisa enganar ninguém nos negócios. E, se você está em um negócio que precise enganar pessoas, saia dele o quanto antes.

Dê a todos mais em valor utilitário do que você tira dele em valor monetário. Então você contribuirá para a vida no mundo com cada transação comercial. Caso você tenha pessoas trabalhando para você, você deve obter delas mais em dinheiro do que você paga em salários; mas *você pode organizar seu negócio de modo que ele seja preenchido com o princípio da prosperidade*, e para que cada funcionário que deseje segui-lo possa progredir um pouco a cada dia.

Você pode fazer para seus funcionários o que este livro está fazendo por você. Você pode conduzir seu negócio de modo que ele seja como uma escada, pela qual todo funcionário que se esforçar poderá subir até a riqueza. Dê a eles a oportunidade: se não souberem aproveitar, não será sua culpa.

E, por fim, não é apenas porque você cria suas riquezas a partir da Substância Sem Forma que permeia todo o universo, que ela tomará forma no ar, diante dos seus olhos.

Se você quer uma máquina de costura, por exemplo, não significa que você deve imprimir o pensamento de uma máquina de costura na Substância Pensante até que a máquina seja formada, sem o uso das mãos, na sala onde você está, ou em qualquer outro lugar. Mas se você quer uma máquina de costura, mantenha a imagem mental dela com a mais positiva certeza de que ela já está sendo produzida, ou está a caminho de você. Depois de formar o pensamento, tenha a mais absoluta e inquestionável fé de que a máquina de costura está chegando. Nunca pense nela, ou fale dela, de nenhuma outra forma que não seja como a certeza absoluta de que ela está perto de chegar. Reivindique-a como já sua.

Ela será trazida até você pelo poder da Inteligência Suprema, agindo sobre as mentes das pessoas. Mesmo que você permaneça onde está, pode ser que alguém venha de outro estado ou país para entrar em algum negócio que resultará em você conseguir o que quer. Sendo assim, o negócio será benéfico para ambos.

Não se esqueça, nem por um momento sequer, que a Substância Pensante está presente em tudo, se comunicando com tudo, e pode influenciar tudo. O desejo da Substância Pensante por uma vida plena e próspera causou a criação de todas as máquinas de costura já feitas; e pode causar a criação de milhões a mais, e causará, sempre que as pessoas a colocarem em movimento pelo desejo e pela fé, e agindo de uma Determinada Maneira.

Você certamente pode ter uma máquina de costura em sua casa, tão certamente que você pode ter qualquer outra coisa que queira, e que usará para prosperar na sua própria vida e na vida dos outros.

Você não precisa hesitar em pedir mais. "O prazer do Pai é dar-lhe o reino", disse Jesus.

A Substância Original quer viver tudo o que é possível em você e quer que você tenha tudo o que pode ou vai usar para viver uma vida mais abundante.

Portanto, se você fixar em sua consciência o fato de que o seu desejo de ser rico é o desejo do poder supremo em sua plena expressão, sua fé se tornará invencível.

Certa vez, vi um garotinho sentado em frente a um piano, e tentando em vão extrair harmonia da partitura. Vi que ele estava aflito e entristecido por sua inabilidade musical. Perguntei a ele a causa de sua tristeza, e ele respondeu: "Eu posso sentir a música em mim, mas não consigo fazer minhas mãos tocarem certo." A música nele era o IMPULSO da Substância Original, contendo todas as possibilidades de uma vida plena; tudo o que há na música estava buscando expressão através daquela criança.

Deus, a Substância Única, está tentando viver e desfrutar coisas através da humanidade. Está dizendo "quero mãos para construir estruturas maravilhosas, para tocar harmonias divinas, para pintar quadros gloriosos; quero pés para viajar, olhos para ver minhas belezas, línguas para dizer poderosas verdades e cantar as mais maravilhosas músicas", e assim por diante.

Tudo que há em possibilidades está procurando expressão através do ser humano. Deus quer que músicos tenham pianos e todos os outros instrumentos, e tenham os meios para cultivar seus talentos ao máximo. Ele quer que aqueles que sabem apreciar a beleza sejam capazes de se cercar de coisas bonitas. Ele quer que aqueles que sabem discernir a verdade tenham todas as oportunidades de viajar e observar. Ele quer que aqueles que sabem apreciar boas roupas sejam bem vestidos, e aqueles que sabem apreciar boa comida sejam alimentados com luxo.

Ele quer todas essas coisas porque é Ele mesmo que as desfruta e aprecia. É Deus quem quer brincar, cantar, desfrutar da beleza, proclamar a verdade, usar roupas finas e comer boas comidas. "Deus trabalha em você pela vontade e pelo fazer", como disse o apóstolo Paulo.

O desejo que você sente de enriquecer é o Infinito, buscando se expressar em você assim como Ele buscou encontrar expressão no garotinho ao piano.

Então você não precisa hesitar em pedir por mais. Sua parte é concentrar-se e expressar esse desejos da Deus.

A maior parte das pessoas tem dificuldade de pedir mais. Elas retêm algo da velha ideia de que a pobreza e o autossacrifício agradam a Deus. Veem a pobreza como parte do plano, uma obrigatoriedade da natureza. Elas têm a ideia de que Deus terminou Sua obra e fez tudo o que podia fazer, e que a maioria das pessoas deve permanecer pobre porque não há o suficiente para todos. Elas se apegam tanto a esse pensamento errôneo que eles sentem vergonha enriquecer. Tendem a querer pouco, apenas o suficiente para viverem com razoável conforto.

Eu lembro o exemplo de um estudante a quem foi dito que ter em mente uma imagem clara das coisas que desejava, para que o pensamento criativo nelas pudesse ser impresso na Substância Sem Forma. Ele era um rapaz muito pobre, vivia de aluguel e tinha somente o que ganhava no dia a dia, e não conseguia entender o fato de que toda a riqueza poderia ser sua. Então, depois de pensar bastante no assunto, ele decidiu que poderia pedir um tapete novo para o chão de seu melhor quarto e um fogão a carvão para aquecer a casa durante o inverno. Depois de seguir as instruções dadas neste livro, obteve essas coisas em poucos meses. E, então, ocorreu a ele que não havia pedido o suficiente. Andou pela casa em que morava e planejou todas as melhorias que gostaria de fazer. Colocou mentalmente uma janela saliente aqui e um cômodo extra ali, até que tudo estivesse completo em sua mente como seu lar ideal; e então planejou a mobília.

Fixando aquela imagem inteira em sua mente, ele começou a viver de Determinada Maneira, e começou a correr atrás do que queria. Agora ele é dono da própria casa, e a está reconstruindo de acordo com a forma com sua imagem mental. E agora, com fé ainda mais inabalável, está almejando por mais. Ele agiu de acordo com a própria fé, e assim será com você. E com todos nós.

CAPÍTULO VII
GRATIDÃO

Os exemplos dados no último capítulo fazem com que o leitor saiba que o primeiro passo para enriquecer é transmitir a ideia dos seus desejos à Substância Sem Forma. É verdade, e você verá, que para fazer isso é necessário que você se relacione com a Inteligência Sem Forma de maneira harmoniosa.

Manter essa relação harmoniosa é uma questão de importância tão preliminar e vital que darei espaço para aqui discuti-la e lhe darei instruções que, caso você as siga, certamente o levarão à unidade perfeita da mente com Deus.

Todo o processo de ajuste mental pode ser resumido em única uma palavra: *gratidão.*

Primeiro, você acredita que existe uma Substância Inteligente, da qual todas as coisas procedem. Segundo, você acredita que essa Substância lhe dá tudo o que você deseja. Terceiro, você se relaciona com Ela por um sentimento de profunda gratidão.

Muitas pessoas que vivem da forma correta em todos os outros aspectos permanecem na pobreza por falta de gratidão. Tendo recebido um presente de Deus, elas cortam os fios que as conectam a Ele ao deixar de fazer esse reconhecimento. É fácil entender que, quanto mais perto vivemos da fonte de riqueza, mais riqueza receberemos, e também é fácil compreender que a alma que é sempre grata vive em contato mais próximo de Deus do que aquela que nunca tem reconhecimento e gratidão. Quanto mais gratidão ao Supremo nós sentimos quando coisas boas chegam até nós, mais coisas boas receberemos, e com mais rapidez elas virão. A razão para isso é simplesmente que a atitude mental de gratidão leva a mente a um contato mais próximo com a fonte de onde vêm todas as bênçãos.

Caso lhe seja nova a ideia de que a gratidão põe sua mente em total harmonia com as energias criativas do universo, considere-a, e você verá que é verdade. As coisas boas que você já tem vieram a você ao longo do caminho de obediência a certas leis. A gratidão conduzirá sua mente ao longo do caminho pelos quais as coisas vêm, e o manterá em harmonia com o pensamento criativo e o impedirá de cair no pensamento competitivo.

Somente a gratidão pode mantê-lo focado na totalidade, e somente a gratidão o impedirá de cair no erro de pensar que o suprimento é limitado. Fazer isso seria fatal para suas esperanças.

Existe uma Lei da Gratidão, e é absolutamente necessário que você a observe se quiser alcançar os resultados que busca. A lei da gratidão é o princípio natural de ação e reação, sempre iguais e em sentidos opostos.

Estender a gratidão de sua mente em louvor ao Supremo é uma libertação ou um lançamento de força. Ela não falha em alcançar aquele a que se destina, e a reação é um movimento instantâneo em sua direção".

Aproximem-se de Deus, e Ele se aproximará de você." Essa é uma manifestação da verdade psicológica. E se sua gratidão for forte e constante, a reação na Substância Sem Forma será forte e constante; o movimento das coisas que você quer serão sempre em sua direção. Observe a atitude grata que Jesus tinha, como sempre parecia dizer: "Agradeço a ti, Pai, porque me ouviste". Você não pode ter muito poder sem gratidão; pois é a gratidão que o mantém conectado ao Poder.

Mas o valor da gratidão não consiste apenas em lhe dar mais bênçãos no futuro. Sem gratidão, você não pode evitar o descontentamento de pensar sobre as coisas como elas são.

No momento em que você permite que sua mente caia em descontentamento sobre as coisas como elas são, você começa a perder terreno. Você presta atenção ao comum, ao ordinário, à pobreza, à sordidez e à mesquinharia, e sua mente se adapta a essas coisas. Então você transmitirá essas formas ou imagens mentais para a Substância Sem Forma, e o comum, a pobreza, a sordidez e mesquinharia virão até você.

Permitir que sua mente se concentre no inferior é se tornar inferior e se cercar de coisas inferiores. Por outro lado, fixar sua atenção no melhor é cercar-se do melhor e se tornar o melhor. O Poder Criativo dentro de nós nos transforma na imagem daquilo a que prestamos atenção. Nós somos feitos da Substância Pensante, e ela sempre assume a forma daquilo em que se pensa.

A mente grata está constantemente fixada no melhor; portanto, ela tende a se tornar o melhor. Ela toma a forma ou as características do melhor, e receberá o melhor.

A fé também nasce da gratidão. A mente grata espera continuamente coisas boas, e a expectativa se transforma em fé. A reação da gratidão sobre a própria mente produz fé, e cada onda de gratidão aumenta a fé. Aquele que não tem nenhum sentimento de gratidão não pode manter a fé viva por muito tempo; e sem uma fé viva você não pode enriquecer pelo método criativo, como veremos nos capítulos seguintes.

É necessário, então, cultivar o hábito de ser grato por todas as coisas boas que você tem, e agradecer continuamente. E porque todas as coisas contribuíram para o seu progresso, você deve incluir todas as coisas na sua gratidão.

Não desperdice seu tempo pensando ou falando sobre os erros e os defeitos daqueles que detêm poder social. A forma que organizaram o mundo criaram as suas oportunidades, e tudo o que você tem vem por causa deles. Não se aborreça contra políticos corruptos. Se não fossem os políticos, viveríamos na anarquia, e suas oportunidades seriam muito reduzidas.

Deus trabalhou muito tempo e com muita paciência para nos trazer até onde estamos na indústria e no governo, está seguindo em frente com o Seu trabalho. Não há a menor dúvida de que Ele acabará com plutocratas, magnatas, chefes de indústria e políticos assim que eles perderem a serventia; mas, enquanto isso, todos ainda são necessários. Lembre-se de que eles ajudam organizar as linhas de transmissão ao longo das quais suas riquezas virão até você, e seja grato a todas elas. Isso o manterá em harmonia com o que há de bom em tudo, e tudo que há de bom virá até você.

CAPÍTULO VIII
PENSANDO EM DETERMINADA MANEIRA

Volte para o capítulo VI e leia outra vez a história do homem que formou uma imagem mental de sua casa, e você começará a ter uma ideia justa do passo inicial para ficar rico. Você deve formar uma imagem mental específica e definitiva do que você quer. Você não pode transmitir uma ideia a menos que você mesmo a tenha.

Você precisa ter antes que você possa dar, e muitas pessoas não conseguem imprimir seus pensamentos na Substância Pensante porque têm apenas um conceito vago e nebuloso das coisas que querem fazer, ter ou se tornar. Não basta que você tenha um desejo geral de riqueza "para fazer o bem". *Todos* têm esse desejo. Não é suficiente que você tenha um desejo de viajar, ver coisas, viver mais, etc. Todos têm esses desejos também.

Se você fosse enviar uma mensagem sem fio para um amigo, você não enviaria as letras do alfabeto em sua ordem, e deixaria que ele construísse a mensagem por si só, nem escolheria palavras aleatórias no dicionário. Você enviaria uma frase coerente; uma que significasse algo.

Quando você tenta imprimir seus desejos na Substância, lembre-se de que isso deve ser feito por uma declaração coerente. Você deve saber o que quer, e ser específico. Você pode nunca enriquecer ou usar o poder da ação criativa, emitindo pensamentos disformes ou desejos vagos.

Insista nos seus desejos assim como o homem que descrevi insistiu em sua casa. Veja exatamente o que você quer e tenha uma imagem mental clara e específica de como você a deseja ter quando finalmente a tiver em mãos.

Mantenha essa imagem mental clara de forma contínua em sua mente. Assim como o marinheiro tem em mente o porto para o qual está navegando, você deve se manter voltado para seu objetivo o tempo todo. Você não deve perdê-lo de vista, assim como o timoneiro, que não perde de vista a bússola.

Não é necessário fazer exercícios de concentração, nem tirar horas específicas para reafirmar o pedido, nem "ficar em silêncio", nem fazer acrobacias ocultas de qualquer tipo. Algumas dessas coisas são úteis, mas tudo o que você precisa é saber o que quer, e querer tanto a ponto de que permaneça em seus pensamentos.

Use seu tempo livre para contemplar sua imagem tanto quanto puder, mas ninguém precisa fazer exercícios para concentrar sua mente em algo que realmente deseja. São as coisas com as quais você *não* se importa que exigem esforço para manter sua atenção nelas.

E, a menos que você *queira* realmente ficar rico, de forma que o desejo seja forte o suficiente para manter seus pensamentos direcionados para esse fim, como o polo magnético segura a agulha da bússola, será de pouco valor você tentar executar as instruções dadas neste livro.

Os métodos aqui determinados são para pessoas cujo desejo por riquezas é forte o suficiente para superar a preguiça mental e o marasmo, para fazê-los funcionar.

Quanto mais definida for sua imagem mental, e quanto mais você se esforçar em detalhá-la, mais forte será seu desejo. E, quanto mais forte for seu desejo, mais fácil será manter sua mente fixa na imagem do que você quer.

Entretanto, algo a mais é necessário, do que meramente ver a imagem com clareza, pois se fosse isso tudo a fazer, você seria apenas um sonhador, e não teria quase nenhum poder de realização. Atrás de sua visão, deve haver o propósito de realizá-la, de trazê-la para a expressão tangível. E, por trás desse propósito, deve haver uma *fé* invencível e inabalável de que a coisa *já é* sua, que está na sua mão e você só precisa tomar posse dela.

Viva na nova casa, mentalmente, até que ela se torne real no plano físico. Desfrute, no mundo mental, de todas as coisas que você deseja ter.

"Quaisquer que sejam as coisas que pedis em oração, vós a recebereis, e as tereis", disse Jesus.

Veja as coisas que você quer como se elas já existissem. Veja-se como possuidor delas e usando-as. Faça uso delas na imaginação assim como você as usará quando elas forem suas posses tangíveis. Pense em sua imagem mental até que ela esteja nítida, e então tome a Atitude Mental de Posse de tudo nesta imagem. Tome posse dela mentalmente, na plena fé de que ela já é sua. Tome controle dessa posse mental; não vacile, nem por um instante, na fé de que ela é real.

E lembre-se de tudo que foi dito sobre gratidão no capítulo anterior: sinta gratidão antes, durante e depois do seu desejo tomar forma. A pessoa que pode sinceramente agradecer a Deus pelas coisas que possui ainda apenas na imaginação está dotada de uma fé verdadeira. Essa pessoa enriquecerá e causará a criação de tudo que deseja.

Não é necessário pedir repetidamente pelas coisas que se deseja; não é necessário falar sobre isso com Deus todos os dias. "Não useis de vãs repetições, como os pagãos", disse Jesus aos Seus alunos, "porque vosso Pai sabe que tendes necessidade destas coisas, antes mesmo de vós lhas pedirdes". Sua parte é formular seu desejo de maneira inteligente, e organizar esses desejos de maneira coerente, e então imprimir esse desejo final na Substância Sem Forma, que tem o poder e a vontade de lhe trazer o que você quer.

Você não faz essa impressão repetindo palavras; você a fará atendo-se à visão com um *propósito* inabalável de alcançá-la e com uma *fé* inabalável de que você a alcançará.

A resposta ao pedido não depende da sua fé enquanto você fala, mas sim da sua fé enquanto você *trabalha*.

Você não impressionará a mente de Deus tendo um sábado separado para dizer a Ele o que você quer, só para esquecê-lo durante o resto da semana. Você não pode impressioná-lo tendo horas especiais para ir para seu quarto e orar, se você então dispensar o assunto de sua mente até que a hora da oração chegue mais uma vez.

A oração vocalizada é boa e pode ter bons efeitos, especialmente sobre você, por esclarecer sua visão e fortalecer sua fé, mas não são seus pedidos falados que lhe darão o que você deseja. Para ficar rico, você não precisa de uma doce hora de oração; você precisa orar incansavelmente. E por oração quero dizer manter-se firme em sua visão, com o propósito de fazer com que sua criação se torne realidade, e a fé de que você já está fazendo isso.

"Acredite e assim receberás".

Toda a questão gira em torno de receber, uma vez que você tenha formado sua visão com clareza. Quando você a *tiver* formado, é bom fazer uma declaração vocalizada, dirigindo-se ao Supremo com reverência, e a partir desse momento você deve, em mente, receber o que você pede.

Viva na nova casa, use boas roupas, ande de automóvel, faça a viagem e tenha confiança em planejar viagens maiores. Pense e fale de todas as coisas que você pediu em termos de posse atual e real. Imagine um ambiente e uma condição financeira exatamente como você os quer, e viva o tempo todo naquele ambiente imaginário.

Lembre-se, no entanto, de que você não faz isso como um mero sonhador, ou como um mero construtor de castelos de areia. Prenda-se à fé de que o imaginário está sendo realizado e ao seu propósito de realizá-lo. Lembre-se de que é fé e propósito que fazem a diferença entre o cientista e o sonhador. E, tendo aprendido esse fato, está na hora de você aprender o uso apropriado da força de vontade.

CAPÍTULO IX
COMO USAR A FORÇA DE VONTADE

Para começar a enriquecer de forma científica, você não tenta aplicar sua força de vontade em nada que esteja fora de si mesmo.

Você não tem o direito de fazer isso, de forma alguma.

É errado forçar sua vontade nos outros, a fim de induzi-los a fazer o que você deseja.

É tão errado coagir as pessoas pelo poder mental quanto coagi-las pelo poder físico. Se obrigar as pessoas a fazer coisas para você pela força física as reduz à escravidão, compeli-las por meios mentais é exatamente a mesma coisa; a única diferença está nos métodos. Se tirar coisas das pessoas pela força física é roubo, então tirar coisas pela força mental também é roubo. Não há nenhuma diferença de princípio.

Você não tem nenhum direito de usar sua força de vontade contra outra pessoa, mesmo que seja para o seu próprio bem, pois você não sabe o que é para o bem dela. A ciência de ficar rico não exige que você aplique poder ou força a qualquer outra pessoa, de forma alguma. Não há a menor necessidade de fazer isso. Na verdade, qualquer tentativa de usar sua vontade contra os outros só tenderá a derrotar seu propósito.

Você não precisa aplicar sua vontade às coisas para obrigá-las a vir até você. Isso seria simplesmente tentar coagir Deus, algo tolo e inútil. Você não precisa obrigar Deus a lhe dar coisas boas, assim como não precisa usar sua força de vontade para fazer o sol nascer.

Você não precisa usar sua força de vontade para conquistar uma divindade hostil, ou para comandar forças teimosas e inflexíveis para obedecerem suas ordens. A Substância é amigável com você e está mais ansiosa para lhe dar o que você quer do que você está para receber. Para enriquecer, você só precisa usar sua força de vontade sobre si mesmo.

Quando você sabe o que pensar e fazer, então você deve usar sua força vontade para compelir-se a pensar e fazer as coisas certas. Esse é o uso legítimo da força vontade para conseguir o que você quer – usá-la para se manter no curso certo. Use sua vontade para se manter pensando e agindo da maneira certa.

Não tente projetar sua vontade, seus pensamentos ou sua mente para o espaço exterior e "agir" sobre coisas ou pessoas. Mantenha sua mente em "casa". Ela pode realizar mais lá do que em qualquer outro lugar.

Use sua mente para formar uma imagem mental do que você quer e para manter essa visão com fé e propósito. E use sua força de vontade para manter sua mente trabalhando da maneira certa.

Quanto mais constantes forem sua fé e seu propósito, mais rapidamente você ficará rico, porque fará somente impressões POSITIVAS na Substância, e não as neutralizará nem as compensará com impressões negativas.

A imagem dos seus desejos, mantida com fé e propósito, é captada pela Substância Sem Forma e a permeia por grandes distâncias – por todo o universo, até onde eu sei.

À medida que essa impressão se espalha, todas as coisas movem-se para sua realização. Cada coisa viva, cada coisa inanimada e as coisas ainda não criadas, são movidas para fazer aquilo que você quer. Toda força começa a ser exercida nessa direção. Todas as coisas começam a ir em sua direção. As mentes das pessoas, em todos os lugares, são influenciadas a fazer as coisas necessárias para a realização de seus desejos. Elas trabalham para você, inconscientemente.

Mas você pode arruinar tudo isso colocando uma impressão negativa na Substância Sem Forma. Dúvida ou descrença certamente desencadearão um movimento contrário a você, assim como a fé e propósito devem começar um movimento em direção a você. É por não entender isso que a maioria das pessoas que tentam fazer uso da "ciência mental" para enriquecer acabam fracassando. Todo o tempo que você gasta dando atenção a dúvidas e medos, todo o tempo que você gasta com preocupações, todo o tempo em que sua alma é possuída pela descrença, firma-se uma corrente contra você em todo o domínio da Substância Inteligente. Todas as promessas estão naqueles que acreditam, e estão somente neles. Observe o quão insistente Jesus era sobre essa crença, e você entenderá o motivo.

Já que acreditar é tão importante, cabe a você vigiar seus pensamentos e, como suas crenças serão formadas em grande parte pelas coisas que você observa e pensa, é importante que você tenha controle de sua atenção. É aqui que a vontade entra em ação, pois é pela força de vontade que você determina em que coisas prestará atenção.

Se você quer ficar rico, não deve pensar sobre pobreza.

As coisas não se formam pensando sobre seus opostos. A saúde nunca será alcançada estudando ou pensando sobre doenças; a retidão não será promovida estudando ou pensando sobre o pecado; e ninguém jamais enriqueceu estudando e pensando sobre a pobreza.

A medicina, como ciência da doença, aumentou a doença; a religião, como ciência do pecado, promoveu o pecado, e a economia, como estudo da pobreza, encherá o mundo de miséria e carência.

Não fale sobre pobreza; não a investigue, nem se preocupe com ela. Não se preocupe com suas causas; você não tem nada a ver com elas. O que lhe preocupa é a *cura*.

Não perca seu tempo com caridade; toda caridade só tende a perpetuar a miséria que pretende erradicar. Não digo que você deva ser desumano ou cruel, e se recusar a ouvir o grito da miséria, mas você não deve tentar erradicar a pobreza de nenhuma das formas *convencionais*. Deixe a pobreza para trás, e deixe tudo o que lhe diz respeito para trás, e faça o bem.

Fique rico; essa é a melhor maneira de ajudar os pobres.

E você não pode manter a imagem mental que o tornará rico se encher sua mente com imagens de pobreza. Não leia livros ou jornais que relatam sobre a miséria dos moradores de cortiços, dos horrores do trabalho infantil e assim por diante. Não leia nada que encha sua mente com imagens sombrias de carência e sofrimento.

Você não pode ajudar os pobres sabendo sobre essas coisas, e o conhecimento generalizado delas não tende a acabar com a pobreza. O que tende a acabar com a pobreza não é colocar imagens de pobreza na mente, mas colocar imagens de riqueza na mente dos pobres.

Você não está abandonando os pobres na miséria quando se recusa a permitir que sua mente seja preenchida com imagens dessa miséria.

A pobreza pode ser erradicada não aumentando o número de pessoas ricas bem-intencionadas que pensam sobre a pobreza, mas aumentando o número de pessoas pobres que se proponham com fé a enriquecer.

Os pobres não precisam de caridade; eles precisam de inspiração. A caridade apenas lhes envia um pedaço de pão para mantê-los vivos em sua miséria, ou lhes dá entretenimento para fazê-los esquecer da pobreza por um par de horas. Mas a inspiração pode fazer com que saiam de sua miséria. Se você quer ajudar os pobres, demonstre a eles que eles podem se tornar ricos; prove isso ficando rico você mesmo.

A única maneira pela qual a pobreza será banida para sempre será com um número cada vez maior de pessoas praticando os ensinamentos deste livro. As pessoas devem ser ensinadas a tornarem-se ricas pela criação, não pela competição.

Toda pessoa que enriquece pela competição derruba a escada pela qual subiu; mas toda pessoa que enriquece pela criação abre caminho para que milhares a sigam e as inspira a fazê-lo. Você não está demonstrando dureza de coração ou má vontade quando se recusa a ter pena da pobreza, a ver a pobreza, a ler sobre a pobreza, ou a pensar ou falar sobre ela, ou a ouvir aqueles que falam sobre ela. Use sua força de vontade para manter sua mente FORA do assunto da pobreza, e para mantê-la, com fé e propósito, na visão do que você quer.

CAPÍTULO X
FAVORECENDO O USO DA FORÇA DE VONTADE

Não é possível manter uma visão clara e verdadeira da riqueza se ficar constantemente voltando sua atenção para imagens opostas, sejam elas externas, sejam imaginárias.

Não fale de seus problemas passados de natureza financeira, se passou por isso; não pense neles de forma alguma. Não fale de pobreza com seus pais, ou das dificuldades que passou no começo da vida; fazer qualquer uma destas coisas é se colocar mentalmente na mesma classe que os pobres naquele momento, e certamente afetará o movimento das coisas que vão em sua direção.

Como Jesus disse: "Deixe os mortos enterrarem seus mortos".

Deixe para trás a pobreza e tudo que disser respeito à pobreza.

Você aceitou uma certa teoria do universo como sendo correta, e está resistindo a todas as suas esperanças de felicidade ao pensar que ela está correta; e o que pode ganhar ao prestar atenção em teorias conflitantes?

Não leia livros religiosos que falam que o mundo terminará em breve; e não leia os escritos de denunciantes e filósofos pessimistas que dizem que o mundo inteiro vai se tornar o inferno.

O mundo não vai se tornar o inferno, o mundo vai ao encontro de Deus. O mundo está se tornando um lugar maravilhoso.

É verdade, pode haver muitas coisas nas condições existentes que são desagradáveis, mas para que observá-las, se elas certamente vão passando, e quando o estudo delas tende apenas retardar sua passagem e as mantém conosco? Por que dar tempo e atenção a coisas que estão sendo removidas pelo crescimento evolucionário, quando você pode apressar sua remoção apenas promovendo o crescimento evolucionário fazendo sua parte nele?

Não importa quão horríveis pareçam as condições de determinados países, regiões ou lugares, você desperdiça seu tempo e destrói suas próprias possibilidades atendo-se a elas.

Você deveria se interessar pelo mundo que enriquece.

Pense nas riquezas que o mundo está adquirindo, em vez da pobreza que está crescendo, e tenha em mente que a única maneira de ajudar o mundo a enriquecer é enriquecendo você mesmo por meio do método criativo, não do competitivo.

Dê toda a sua atenção às riquezas; ignore a pobreza. Sempre que você pensar ou falar daqueles que são pobres, pense e fale deles como aqueles que um dia também serão ricos, como pessoas que devem ser mais parabenizadas que comiseradas. Só então eles terão a inspiração para sair da situação em que se encontram.

Mas não é porque eu digo que você deve focar somente na riqueza, que significa que você deva ser uma pessoa sórdida ou mesquinha. Tornar-se verdadeiramente rico é o objetivo mais nobre que você pode ter na vida, pois inclui todo o resto.

No plano competitivo, o esforço para enriquecer é uma luta pagã para conseguir poder sobre os outros, mas quando aderimos à mente criativa, tudo isso muda. Tudo o que é possível em termos de grandeza e desenvolvimento da alma, do auxílio e do esforço elevado, vem por meio do enriquecimento; tudo se torna possível pelo uso das coisas.

Se você não tem saúde física, descobrirá que obtê-la depende de você ficar rico. Somente aqueles que estão livres de preocupações financeiras e que têm meios para viver sem preocupações e seguir práticas de higiene podem ter e manter uma boa saúde.

A grandeza moral e espiritual só é possível para aqueles que estão acima da batalha competitiva pela existência; e somente aqueles que estão se tornando ricos no plano do pensamento criativo estão livres das influências degradantes da competição. Se seu coração está voltado para a felicidade doméstica, lembre-se de que o amor floresce melhor onde há refinamento, um alto nível de pensamento intelectual e liberdade de influências corruptoras. E essas são encontradas apenas onde as riquezas são alcançadas pelo exercício do pensamento criativo, sem conflitos ou rivalidades.

Você não pode almejar nada tão grandioso ou nobre, repito, quanto ficar rico. Você deve focar em sua imagem mental de riqueza, excluindo tudo o que possa ofuscar ou obscurecer essa visão.

Você deve aprender a ver a VERDADE implícita em todas as coisas. Você deve ver por trás de todas as condições aparentemente erradas a Grande Vida Única sempre avançando em direção à expressão mais plena e à felicidade mais completa. E a verdade é que não existe tal coisa como pobreza; só existe riqueza.

Algumas pessoas permanecem pobres porque ignoram o fato de que há riqueza para elas; e estas podem ser mais bem ensinadas mostrando-lhes o caminho para a riqueza em sua própria pessoa e prática.

Outros são pobres porque, embora sintam que há uma saída, são intelectualmente indolentes demais para fazer o esforço mental necessário para percorrer esse caminho. Para esses, a melhor coisa que você pode fazer é despertar o desejo deles, mostrando-lhes a felicidade que advém de ser verdadeiramente rico.

Outros ainda são pobres porque, embora tenham alguma noção de ciência, ficaram tão atolados e perdidos no labirinto de teorias metafísicas e ocultas que não sabem qual é o melhor caminho a se tomar. Tentam uma mistura de muitas teorias e falham em todas. Para estes, mais uma vez, a melhor coisa a fazer é mostrar o caminho certo em sua própria pessoa e prática. É melhor fazer do que teorizar.

A melhor coisa que você pode fazer pelo mundo é aproveitar ao máximo a si mesmo.

Não há maneira mais eficaz de servir a Deus e à humanidade do que enriquecendo. Isto, é claro, se você enriquecer pelo método criativo, e não pelo competitivo.

Uma outra coisa. Afirmamos que este livro fornece em detalhes os princípios da ciência de ficar rico; e se isso for verdade, você não precisa ler nenhum outro livro sobre o assunto. Isso pode soar rígido ou egoísta, mas considere: não há mais nenhum método científico de cálculo na matemática do que a adição, subtração, multiplicação e divisão; nenhum outro método é possível. Pode haver somente uma distância mais curta entre dois pontos. Só existe uma única maneira de pensar cientificamente, e é aquela que nos leva a pensar na rota mais simples até nosso objetivo. Ninguém ainda formulou um "sistema" mais breve ou menos complexo do que este explicado nesse livro. Retirou-se tudo aquilo que não era essencial. Quando começar a praticá-lo, deixe todos os outros de lado. Jogue-os para fora da sua mente.

Leia este livro todos os dias. Mantenha-o em seu alcance. Memorize-o e não pense em outros "sistemas" e teorias. Se fizer isso, você começará a ter dúvidas e incertezas que confundirão seu pensamento, e então você começará a falhar. Depois que você fizer tudo certo e enriquecer, você pode estudar outros sistemas o quanto quiser, mas até ter certeza de que ganhou o que queria, não leia nada nesta linha além deste livro, a menos que sejam os autores mencionados no prefácio. E leia apenas os comentários mais otimistas sobre as notícias do mundo, aqueles que estejam em harmonia com sua imagem. Também não se distraia com estudos sobre ocultismo, teosofia, espiritualismo ou assuntos correlatos. Talvez os mortos ainda vivam e estejam por perto, mas, se estiverem, deixe-os em paz e cuide da sua própria vida.

Onde quer que os espíritos dos mortos possam estar, eles têm seu próprio trabalho a fazer e seus próprios problemas a resolver, e não temos o direito de interferir com eles. Não podemos ajudá-los, e é pouco possível que eles possam nos ajudar, ou que tenhamos o direito de abusar de seu tempo, se puderem. Deixe os mortos e o além em paz, e resolva seu próprio problema: fique rico. Se você começar a se envolver com o oculto, você desenvolverá correntes opostas que certamente acabarão com suas esperanças.

Agora, este e os capítulos anteriores nos trouxeram à seguinte declaração de fatos básicos:

- *Existe uma matéria pensante da qual todas as coisas são feitas e que, em seu estado original, permeia, penetra e preenche todos os espaços intermédios do universo.*
- *Um pensamento, nesta substância, produz todas as coisas imaginadas pelo pensamento.*
- *O ser humano pode formar qualquer coisa em seu pensamento e, ao imprimir seu pensamento sobre uma substância sem forma, pode fazer com que a coisa em que pensa seja criada.*
- *Para fazer isso, a pessoa deve passar da mente competitiva para a criativa. Ela deve formar uma imagem mental clara das coisas que deseja e manter essa imagem em seus pensamentos com o* PROPÓSITO *fixo de obter o que deseja e a FÉ inabalável de que já obtém o que deseja, fechando sua mente contra tudo o que possa abalar seu propósito, obscurecer sua visão ou extinguir sua fé.*

E, além de tudo isso, veremos agora que a pessoa deve viver e agir de uma Determinada Maneira.

CAPÍTULO XI
AGINDO DE DETERMINADA MANEIRA

O pensamento é o poder criativo, ou a força impulsionadora que causa o poder criativo a agir; pensar de Determinada Maneira trará riquezas, mas não deve depender apenas no pensamento, sem prestar atenção à ação pessoal. Essa é a rocha sobre a qual muitos pensadores geralmente científicos e metafísicos chegam ao desastre – falhando em conectar o pensamento à ação pessoal.

Ainda não alcançamos o estágio do desenvolvimento, supondo que tal estágio seja possível, no qual o homem pode criar diretamente da Substância Sem Forma sem os processos da natureza ou o trabalho das mãos humanas; o homem não pode apenas pensar, mas sua ação pessoal deve complementar seu pensamento.

Através do pensamento, é possível fazer o ouro no coração das montanhas ser impulsionado até você; mas ele não será minerado por conta própria, não será refinado por conta própria, não se transformará em moedas, nem rolará pelas estradas até chegar ao seu bolso.

Sob o poder impulsionador do Espírito Supremo, os assuntos das pessoas serão ordenados a ponto de que alguém será levado a minerar o ouro por você; as transações de negócios de outras pessoas serão direcionadas para que o ouro seja trazido em sua direção, e você arranjará seus próprios negócios para que possa recebê-lo quando ele vier. Seu pensamento faz com que todas as coisas, animadas e inanimadas, trabalhem para trazer a você o que quer que tragam; mas sua atividade pessoal deve ser tal que você possa receber por direito o que quer quando for alcançado. Não deve ver isto como caridade, nem deve roubar; deve dar aos outros mais em valor de uso que os outros lhe dão em valor monetário.

O uso científico do pensamento consiste em formar uma imagem mental clara e distinta do que você quer; ao manter-se firme ao propósito de conseguir o que quer; e em perceber com fé e gratidão que você consegue *de fato* o que quer.

Não tente "projetar" seu pensamento de nenhuma forma misteriosa ou oculta, com a ideia de que este saia e faça coisas por você; isso é esforço jogado fora, e enfraquecerá seu poder de pensar com sanidade.

A ação do pensamento de enriquecer é plenamente explicada nos capítulos anteriores; sua fé e propósito são impressas de forma positiva na Substância Sem Forma, que possui O MESMO DESEJO POR MAIS VIDA DO QUE VOCÊ TEM; e esta visão, recebida de você, faz com que todas as forças criativas sejam ativadas NOS E ATRAVÉS DOS CANAIS REGULARES DE AÇÃO, mas direcionadas a você.

Não é seu papel guiar ou supervisionar o processo criativo; tudo que precisa fazer com isso é reter sua visão, focar em seu propósito e manter sua fé e gratidão.

Mas deve agir de uma Determinada Maneira para que possa apropriar-se do que é seu quando aparecer à sua frente; para que possa conhecer as coisas que possui em sua imagem, e colocá-las nos devidos lugares quando estas chegarem.

Pode ver com prontidão essa verdade. Quando for alcançado pelas coisas, elas estarão nas mãos de outras pessoas, que pedirão por algo equivalente por elas.

E só pode conseguir o que é seu ao dar para os outros o que é deles.

Sua carteira não ser transformará na bolsa de um Fortunatus, que sempre estará cheia de dinheiro sem esforço de sua parte.

Esse é o ponto crucial da ciência de enriquecer; aqui mesmo, onde o pensamento e a ação pessoal devem ser combinados. Há muita gente que, consciente ou inconscientemente, coloca as forças criativas em ação pela força e persistência de seus desejos, mas que continua pobre porque não providencia a recepção do que quer quando chega.

Através do pensamento, a coisa que quer será levada até você; através da ação, você há de recebê-la.

Independentemente de que ação for, é evidente que você deve agir AGORA. Não pode agir no passado, e é essencial para a clareza de sua visão mental que ignore o passado em sua mente. Não pode agir no futuro, já que o futuro ainda não está aqui. E não pode saber como você gostaria de agir em qualquer contingência futura até essa contingência chegar.

Se você não está no negócio correto, ou no ambiente correto no momento, não pense que deve adiar a ação até estar no negócio ou no ambiente corretos. E não perca tempo no presente tratando o pensamento como o melhor curso em possíveis emergências futuras; tenha fé em sua habilidade de enfrentar qualquer emergência quando ela chegar.

Se agir no presente com a mente no futuro, sua ação presente será feita com uma mente dividida, e não será eficaz.

Coloque sua mente inteira na ação presente.

Não dê seu impulso criativo à Substância Original para então sentar e esperar pelos resultados; se fizer isso, nunca há de obtê-los. Aja agora. Não há nenhum outro momento além de agora, e nunca haverá nenhum momento além de agora. Se você começar a se preparar para a recepção do que quer, deve começar agora.

E sua ação, seja lá qual for, deve, provavelmente, estar em seu negócio ou emprego presente, e deve ser feita com as pessoas e coisas em seu ambiente presente.

Não se pode agir onde não se está; não se pode agir onde já se esteve, e não se pode agir onde se estará; deve-se agir somente onde se está.

Não se incomode pensando se o trabalho de ontem estava bem ou mal feito; faça bem o trabalho de hoje.

Não tente fazer o trabalho de amanhã agora; haverá tempo o bastante para fazê-lo quando chegar lá.

Não tente, por meios ocultos ou místicos, agir nas pessoas ou nas coisas que estão fora de seu alcance.

Não espere por uma mudança de ambiente antes de agir; obtenha uma mudança de ambiente através da ação.

Pode agir a respeito do ambiente em que se encontra agora, e fazer com que seja transferido a um ambiente melhor.

Mantenha a fé e o propósito da visão de si mesmo em um ambiente melhor, mas aja sobre seu ambiente presente com todo seu coração, e com toda sua força, e com toda sua mente.

Não perca qualquer tempo de seu dia sonhando ou construindo castelos; apegue-se à visão do que quer e aja AGORA.

Não ande por aí procurando alguma coisa nova para fazer, ou alguma ação estranha, incomum ou notável para fazer como o primeiro passo de enriquecer. É provável que suas ações, ao menos por agora, sejam as que já fazia por um tempo; mas você está começando a executar essas ações de Determinada Maneira agora, o que certamente fará com que enriqueça.

Se estiver envolvido em algum negócio, e sentir que não é o negócio certo para você, não espere até que esteja no negócio certo antes de agir.

Não se desencoraje nem se sente para lamentar por estar no local errado. Ninguém esteve tão deslocado a ponto de não conseguir encontrar o lugar correto, e ninguém se envolveu tanto no negócio errado que não conseguiu entrar no negócio certo.

Atenha-se à visão de si mesmo no negócio certo, com o propósito de chegar até lá, e a fé de que chegará e está chegando; mas AJA em seu presente negócio. Use seu presente negócio como a forma de conseguir um negócio melhor. Sua visão do negócio correto, se mantida com fé e propósito, fará com que o Supremo mova o negócio certo até você; e sua ação, se executada de Determinada Maneira, fará com que você vá até o negócio.

Se você trabalha, ou recebe salário, e sente que deve mudar de local para conseguir o que quer, não "projete" seus pensamentos no espaço e dependa disso para conseguir outro trabalho. Você provavelmente falhará em consegui-lo.

Mantenha a visão de si mesmo no trabalho que deseja, enquanto AGE com fé e propósito no trabalho que tem, e certamente conseguirá o trabalho que quer.

Sua visão e sua fé colocarão a força criativa em movimento e a levarão até você, e sua ação fará com que as forças em seu próprio ambiente se movam até o local que desejar. Fechando este capítulo, acrescentaremos outra afirmação ao nosso programa:

- *Existe uma matéria pensante da qual todas as coisas são feitas e que, em seu estado original, permeia, penetra e preenche todos os espaços intermédios do universo.*
- *Um pensamento, nesta substância, produz todas as coisas imaginadas pelo pensamento.*
- *O ser humano pode formar qualquer coisa em seu pensamento e, ao imprimir seu pensamento sobre uma substância sem forma, pode fazer com que a coisa em que pensa seja criada.*
- *Para fazer isso, a pessoa deve passar da mente competitiva para a criativa. Ela deve formar uma imagem mental clara das coisas que deseja e manter essa imagem em seus pensamentos com o* PROPÓSITO *fixo de obter o que deseja e a* FÉ *inabalável de que já obtém o que deseja, fechando sua mente contra tudo o que possa abalar seu propósito, obscurecer sua visão ou extinguir sua fé.*
- *Para receber o que se deseja quando acontecer, deve-se agir* AGORA *sobre as pessoas e as coisas no presente ambiente.*

CAPÍTULO XII
AÇÃO EFICIENTE

É preciso usar o pensamento conforme orientado em capítulos anteriores, e começar a fazer o que for possível onde se está; e deve-se fazer tudo que puder onde se está.

Avançar somente é possível ao ser maior do que seu local presente; e nenhuma pessoa é maior do que seu local presente ao não fazer todo o trabalho relacionado a esse local.

O mundo só é continuado por aqueles que preenchem seus lugares atuais para além dos limites.

Se nenhuma pessoa preencher seu lugar atual, é possível ver que haverá um retrocesso em tudo. Aqueles que não preenchem suficientemente o lugar atual são um peso morto para a sociedade, o governo, o comércio e a indústria; eles precisam ser carregados pelos outros a grande custo. O progresso do mundo é retardado apenas por aqueles que não preenchem os lugares que mantém; eles pertencem a uma época anterior e tendem à degeneração. Nenhuma sociedade pode avançar se todas as pessoas forem menores do que os lugares que ocupam; a evolução social é guiada pela lei da física e da evolução mental. No reino animal, a evolução é causada pelo excesso de vida.

Quando um organismo possui mais vida do que pode ser expressa nas funções de seu próprio plano, ele desenvolve os órgãos de um plano maior e uma nova espécie é originada.

Nunca haveria existido uma nova espécie se não houvesse organismos que preenchiam mais do que seus lugares. A lei é exatamente a mesma que a sua; enriquecer depende que aplique este princípio aos seus próprios assuntos.

Todos os dias são dias de sucesso ou dias de fracasso; e você consegue o que quer em dias de sucesso. Se todos os dias forem um fracasso, nunca enriquecerá; enquanto que, se todos os dias forem um sucesso, não terá como não enriquecer.

Se há algo que deve ser feito hoje, e não for feito, você terá fracassado nesse sentido; e as consequências podem ser mais desastrosas do que você imagina.

Não se podem prever os resultados até mesmo das ações mais triviais; não se sabe o funcionamento de todas as forças que foram colocadas em movimento em seu nome. Muito pode depender de que se faça algum ato simples; pode ser a coisa que abriria a porta da oportunidade para grandes possibilidades. Não há como saber todas as combinações que a Inteligência Suprema está fazendo por você no mundo das coisas e dos assuntos humanos; sua negligência ou fracasso em fazer alguma coisa pequena pode causar um grande atraso em conseguir o que quer.

Faça, todos os dias, TUDO que pode ser feito naquele dia.

Há, porém, uma limitação ou qualificação do que foi dito acima que precisa ser levada em consideração.

Não se pode trabalhar exageradamente ou se apressar cegamente em seu negócio no esforço de fazer o maior número possível de coisas no menor tempo possível.

Não se deve tentar fazer o trabalho de amanhã hoje, nem o trabalho de uma semana em um dia.

Não é o número das coisas que se fazem, mas a EFICÁCIA de cada ação separada que conta.

Todo ato é, por si só, um sucesso ou um fracasso. Todo ato, por si só, é eficiente ou ineficiente. Todo ato insuficiente é um fracasso, e, se passar sua vida fazendo atos ineficientes, sua vida inteira será um fracasso. Quanto mais coisas fizer, pior será para você, se todos seus atos forem ineficazes.

Por outro lado, todo ato eficiente é um sucesso por si só, e se todos os atos de sua vida forem eficientes, sua vida DEVE ser um sucesso. A causa do fracasso é fazer coisas demais de forma ineficaz, e não fazer coisas suficientes de forma eficaz.

Você verá que é uma proposta autoevidente, que se não fizer nenhum ato ineficaz, e se fizer um número suficiente de atos eficazes, você enriquecerá. Se for possível que, agora, cada um de seus atos seja eficaz, você verá mais uma vez que obter riqueza é reduzido a uma ciência exata como a matemática.

A matéria se transforma, então, na questão de poder fazer com que cada ação separada seja um sucesso por si só. E isto é algo que você certamente pode fazer.

Pode tornar cada ato um sucesso, por que Todo o Poder está trabalhando com você; e Todo o Poder não pode falhar.

O poder está a seu dispor; e, para fazer com que cada ato seja eficaz, você só precisa injetar poder neles.

Cada ação é forte ou fraca; e, quando todas são fortes, você está agindo de Determinada Maneira que o fará enriquecer.

Cada ato pode se tornar forte e eficaz ao manter a visão enquanto você o executa, e colocar todo o poder de sua FÉ e de seu PROPÓSITO nele.

É neste ponto que as pessoas que separam o poder mental da ação pessoal fracassam. Elas usam o poder da mente em um local e em um momento, e então agem em outro local e em outro momento. Então seus atos não são bem-sucedidos por si só; muitos deles são ineficazes. Mas se Todo o Poder estiver em todos os atos, não importa quão comuns sejam, todos os atos serão um sucesso por si só; e, como na natureza das coisas, todo sucesso abre o caminho para outros sucessos, e você progride na direção do que quer, e o progresso do que quer em sua direção ficará igualmente rápido.

Lembre-se de que o ato bem-sucedido é cumulativo em seus resultados. Já que o desejo por mais vida é inerente em todas as coisas, quando uma pessoa começa a se mover em direção a uma vida maior, mais coisas se juntam a esta pessoa e a influência de seu desejo é multiplicada.

Faça todos os dias o que puder fazer naquele dia, e execute cada ato de forma eficaz.

Ao dizer que deve manter sua visão enquanto executa cada ato, por mais trivial ou comum que seja, não quero dizer que é necessário que a visão esteja em sua mente de forma distintiva, até nos mínimos detalhes, o tempo todo. Deve ser o trabalho de suas horas de descanso usar sua imaginação nos detalhes de sua visão, e contemplá-los até que eles fiquem firmes e fixos em sua memória.

Se deseja resultados rápidos, passe praticamente todo seu tempo livre nessa prática.

Ao contemplar de forma contínua, você terá a imagem do que quer, nos mínimos detalhes, fixa de forma tão firme e transferida de forma tão completa para a mente da Substância Sem Forma que, ao trabalhar, só precisará se referir mentalmente à imagem para estimular sua fé e seu propósito para causar seus melhores esforços. Contemple sua imagem nas horas de descanso até que sua consciência esteja tão imersa nisso que possa acessá-la instantaneamente. Você se entusiasmará, então, com as promessas iluminadas que o mero pensamento trará as mais fortes energias para seu ser.

Vamos repetir mais uma vez nosso programa e, ao mudar de leve a afirmação final, levá-lo ao ponto que acabamos de alcançar:

- *Existe uma matéria pensante da qual todas as coisas são feitas, e que, em seu estado original, permeia, penetra e preenche os espaços intermédios do universo.*
- *Um pensamento, nesta substância, produz a coisa que é imaginada pelo pensamento.*
- *As pessoas podem formar coisas através do pensamento e, ao imprimir seus pensamentos na substância sem forma, podemos fazer com que as coisas que pensamentos sejam criadas.*
- *Para isto, é preciso passar da mente competitiva à criativa; é preciso formar uma imagem mental clara das coisas que se quer e fazer, com fé e propósito, tudo que puder ser feito cada dia, fazendo cada uma das coisas de forma eficiente.*

CAPÍTULO XIII
ENTRANDO NO NEGÓCIO CERTO

O sucesso, em qualquer negócio, depende de um estado bem desenvolvido das habilidades necessárias para aquele negócio.

Sem uma boa habilidade para a música, ninguém pode ter sucesso como professor de música. Sem habilidades bem desenvolvidas para a mecânica, ninguém pode obter grande sucesso em qualquer ramo mecânico. Sem uma boa diplomacia ou habilidades comerciais, ninguém pode ter sucesso em atividades mercantis. Porém, ter um estágio bem desenvolvido das habilidades necessárias em sua vocação particular não garante ficar rico. Há músicos que têm talento notável e que ainda assim permanecem pobres. Há ferreiros, carpinteiros e assim por diante que têm excelentes habilidades mecânicas, mas que não enriquecem. E há comerciantes com boas habilidades para tratar com as pessoas que, no entanto, fracassam.

As diferentes habilidades são ferramentas. É essencial ter boas ferramentas, mas também é essencial que as ferramentas sejam usadas da maneira correta. Uma pessoa pode pegar uma serra afiada, um esquadro, um bom prumo, e assim por diante, e construir um belo móvel. Outra pessoa pode pegar as mesmas ferramentas e replicar o móvel, mas sua reprodução será um fracasso. Ela não sabe como usar boas ferramentas para ser bem-sucedida.

As várias habilidades da sua mente são as ferramentas com as quais você deve fazer o trabalho que o tornará rico. Será mais fácil para você ter sucesso se entrar em um negócio para o qual esteja bem equipado com ferramentas mentais. De um modo geral, você se sairá melhor naquele negócio que use suas melhores habilidades; aquelas para o qual você tem um talento nato. Mas há limitações para esta declaração, também. Ninguém deve considerar sua vocação como sendo irrevogavelmente ligada pelas tendências com as quais nasceu.

Você pode enriquecer em QUALQUER negócio, pois, se você não tem o talento certo para ele, você pode desenvolver esse talento. Isso significa apenas que você terá que criar suas ferramentas conforme avança, em vez de se limitar ao uso daquelas com as quais você nasceu. Será MAIS FÁCIL para você ter sucesso em uma profissão para a qual você já tem os talentos em um estado bem desenvolvido; mas você PODE ter sucesso em qualquer vocação, pois você pode desenvolver qualquer talento rudimentar, e não há talento do qual você não tenha ao menos um rudimento.

Você ficará rico mais facilmente em termos de esforço, se fizer aquilo a que você melhor se adapta, mas enriquecerá mais satisfatoriamente se fizer aquilo que QUER fazer.

Fazer o que você quer fazer é a vida, e não há nenhuma satisfação real em viver se somos compelidos a estar sempre fazendo algo que não gostamos de fazer, sem nunca podermos fazer o que queremos. E é certo que você pode fazer o que quer fazer; o desejo de fazê-lo é prova de que você tem dentro de si o poder que pode fazê-lo. O desejo por si só já é uma manifestação de poder.

O desejo de tocar música é o talento musical buscando expressão e desenvolvimento. O desejo de inventar dispositivos mecânicos é o talento mecânico buscando expressão e desenvolvimento. Onde não há nenhum talento, desenvolvido ou não, para fazer algo, nunca há desejo de fazê-lo, e onde há um forte desejo de fazê-lo, é prova certa de que o poder para fazê-lo é forte e só precisa ser desenvolvido e aplicado da maneira correta.

Em iguais circunstâncias, é melhor escolher o negócio para o qual você tem o talento mais bem desenvolvido, mas se você tem um forte desejo de se envolver em qualquer linha de trabalho específica, você deve selecionar esse trabalho como sua meta final.

Você pode fazer o que quiser, e é seu direito e privilégio seguir o negócio ou atividade que lhe for mais adequado e agradável. Você não é obrigado a fazer o que não gosta de fazer e não deve fazê-lo, exceto quando for um meio de levá-lo a fazer o que você realmente deseja fazer.

Se houve erros passados, cujas consequências o colocaram em um negócio ou ambiente indesejável, você pode ser obrigado por algum tempo a fazer o que não gosta de fazer, mas você pode tornar isso uma tarefa mais agradável ao saber que isso está tornando possível que você faça o que verdadeiramente deseja fazer.

Se você sente que não está na vocação certa, não aja de maneira precipitada tentando entrar em outra profissão. Em geral, a melhor maneira de mudar de negócio ou ambiente é pelo crescimento.

Não tenha medo de fazer uma mudança repentina e radical se a oportunidade certa se apresentar e, após cuidadosa consideração, você sentir que é o momento certo. No entanto, nunca tome uma atitude repentina ou radical quando tiver dúvidas se é sábio fazer isso. Nunca existe pressa no plano criativo, e não faltam oportunidades. Quando você sair da mente competitiva, entenderá que nunca precisará agir de maneira precipitada. Ninguém mais vai vencê-lo naquilo que você quer fazer; há o suficiente para todos. Se um lugar for ocupado, outro lugar ainda melhor será aberto para você um pouco mais adiante. Quando estiver em dúvida, espere. Recorra à contemplação de sua visão e aumente sua fé e propósito. E, por todos os meios, em tempos de dúvida e indecisão, procure cultivar a gratidão.

Um ou dois dias gastos contemplando a visão do que você quer e, em sincera gratidão por você estar recebendo isso, colocará sua mente em um relacionamento tão próximo com o Supremo que você não cometerá nenhum erro quando finalmente agir.

Há uma mente que sabe tudo que existe para saber, e você pode entrar em estreita união com essa mente pela fé e pelo propósito de progredir na vida, se tiver profunda gratidão.

Erros vêm ao agirmos precipitadamente, de agirmos com medo ou dúvida, ou do esquecimento do motivo certo, que é mais vida para todos e menos para ninguém.

À medida que você avança no caminho certo, as oportunidades surgirão em grande número, e você precisará ser muito firme em sua fé e propósito para manter contato próximo com a Mente Que Tudo Sabe por meio da gratidão.

Faça tudo o que puder fazer de forma perfeita todos os dias, mas faça isso sem pressa, sem preocupação e sem medo. Vá o mais rápido que puder, mas nunca tenha pressa. Lembre-se de que no momento em que você começa a se apressar, você deixa de ser um criador e se torna um competidor, e mais uma vez volta ao velho plano.

SEMPRE QUE VOCÊ SE ENCONTRAR COM PRESSA, PARE. FIXE SUA ATENÇÃO NA IMAGEM MENTAL DA COISA QUE VOCÊ QUER E COMECE A AGRADECER PELO QUE VOCÊ JÁ TEM. O EXERCÍCIO DA ***GRATIDÃO*** *NUNCA DEIXARÁ DE FORTALECER SUA FÉ E RENOVAR SEU PROPÓSITO.*

CAPÍTULO XIV
A IMPRESSÃO DA PROSPERIDADE

Mudando ou não de profissão, suas ações no presente devem ser aquelas pertinentes ao negócio no qual você está envolvido agora.

Você pode entrar no negócio que você quer, fazendo uso construtivo do negócio em que já está estabelecido: realizando seu trabalho diário de uma Determinada Maneira. E quando seu negócio consiste em lidar com outras pessoas, seja cara a cara ou por correspondência, o pensamento-chave de todos os seus esforços deve ser transmitir às suas mentes a impressão de prosperidade.

Prosperidade é o que todo ser humano busca. É o desejo da Inteligência Sem Forma dentro de nós, buscando expressão mais plena.

O desejo de prosperar é inerente a toda a natureza; é o impulso fundamental do universo. Todas as atividades humanas são baseadas no desejo por prosperidade. As pessoas buscam mais comida, mais roupas, melhor abrigo, mais luxo, mais beleza, mais conhecimento, mais prazer — quanto mais prosperidade temos, melhor vivemos.

Todo ser vivo está sujeito a essa necessidade de progresso contínuo; onde a prosperidade da vida cessa, a dissolução e a morte se instalam de imediato.

O ser humano instintivamente sabe disso, e por isso está sempre buscando por mais. Essa lei de prosperidade perpétua é citada por Jesus na parábola dos talentos; somente aqueles que ganham mais retêm algum; daquele que não tem, até o que tem lhe será tirado.

O desejo natural por mais riqueza não é algo mau ou repreensível; é simplesmente o desejo por uma vida mais abundante. É uma aspiração. E, por ser o instinto mais profundo por sua natureza, todas pessoas são atraídas por aqueles que podem lhes dar mais meios de vida.

Ao seguir o caminho certo, conforme descrito nas páginas anteriores, você obterá aumento contínuo para si mesmo e o repassará a todos com quem você negocia. Você é um centro criativo, pelo qual a prosperidade será repassada a todos.

Tenha certeza disso, e garanta o fato a todos com quem você tiver contato. Não importa quão pequena seja a transação, mesmo que seja apenas a venda de um doce para uma criança pequena, coloque nela o pensamento de prosperidade e certifique-se de que o cliente se impressionou com o pensamento.

Transmita a impressão de prosperidade em tudo o que você faz, para que todas as pessoas recebam a impressão de que você é uma Pessoa Próspera, e que você traz prosperidades a todos que lidam com você. Até mesmo para as pessoas que você encontra socialmente, sem qualquer intenção de negócio, e a quem você não tenta vender nada, passe a elas o pensamento da prosperidade.

Você pode transmitir essa impressão mantendo a fé inabalável de que você mesmo está no Caminho da Prosperidade, e deixando que essa fé inspire, preencha e permeie toda ação.

Faça tudo o que fizer com a firme convicção de que você é uma pessoa próspera, e que está distribuindo prosperidade para todos ao seu redor.

Sinta que você está ficando rico e que, ao fazer isso, está enriquecendo outros e conferindo benefícios a todos. Não se gabe nem se vanglorie do seu sucesso, nem fale sobre ele sem necessidade. A verdadeira fé nunca é arrogante.

Onde quer que você encontre uma pessoa presunçosa, você encontra alguém que está secretamente duvidoso e com medo. Simplesmente sinta a fé, e deixe que ela funcione em cada transação. Deixe que cada ato, tom e olhar expressem a tranquila certeza de que você está ficando rico; que você já é rico. Palavras não serão necessárias para comunicar esse sentimento aos outros; eles sentirão a sensação de prosperidade quando estiverem em sua presença, e sempre serão atraídos até você.

Você deve impressionar os outros de tal forma que eles sintam que, ao se associarem a você, eles mesmos podem prosperar. Veja se você dá a eles um valor utilitário maior do que o valor monetário que está tirando deles.

Tenha um orgulho honesto de fazer isso, e deixe que todos saibam, e não lhe faltarão clientes. As pessoas vão aonde lhes for dada prosperidade. E o Supremo, que deseja prosperidade para todos, e que sabe de tudo, moverá em sua direção pessoas que nunca ouviram falar de você. Seu negócio prosperará com rapidez, e você ficará surpreso com os benefícios inesperados que virão para você. Você poderá, no dia a dia, fazer grandes negócios, garantir maiores vantagens e seguir em frente para uma vocação mais agradável se você desejar.

Mas, ao fazer tudo isso, você nunca deve perder de vista a imagem do que deseja, ou sua fé e propósito de conseguir o que deseja.

Deixe-me agora lhe dar outra palavra de cautela em relação aos motivos: *Cuidado com a tentação insidiosa de exercer poder sobre as pessoas.*

Nada é mais agradável para a mente mal formada quanto o exercício de poder ou domínio sobre os outros. O desejo de governar para gratificação egoísta tem sido a maior maldição do mundo. Por incontáveis eras, reis e lordes têm banhado a terra com sangue em suas batalhas para estender seus domínios; não para buscar mais vida para todos, mas para obter mais poder para si mesmos.

Hoje, a principal motivação no mundo empresarial e industrial, é a mesma: os líderes reúnem os seus exércitos de dólares e devastam as vidas e os corações dos outros milhões na mesma louca disputa por poder sobre os outros. Reis comerciais, assim como reis políticos, são inspirados pela luxúria por poder.

Jesus viu nesse desejo por poder o impulso daquele mundo maligno que Ele buscava derrubar. Leia o vigésimo terceiro capítulo de Mateus e veja como Ele retrata o desejo dos fariseus de serem chamados de "Mestre", de se sentarem nos lugares mais altos, de dominarem os outros e de colocarem fardos nas costas dos menos afortunados; e observe como Ele compara esse desejo por domínio com a busca fraterna pelo Bem Comum para a qual Ele chama Seus discípulos.

Fique atento à tentação de buscar por mais poder, de se tornar um "mestre", de ser considerado alguém acima do rebanho, de impressionar os outros com ostentação, e assim por diante.

A mente que busca poder sobre os outros é a mente competitiva, e a mente competitiva não é a criativa. Para dominar seu ambiente e seu destino, não é necessário que você subjugue seus semelhantes. E, de fato, quando você se perde na luta pelos lugares mais altos, você começa a ser conquistado pelo destino e pelo ambiente, e seu enriquecimento se torna uma questão de acaso e especulação.

Cuidado com a mente competitiva! Nada explica melhor o princípio da ação criativa do que o princípio do falecido prefeito da cidade de Toledo, Samuel M. Jones: "O que eu quero para mim, eu quero para todos."

CAPÍTULO XV
A PESSOA PRÓSPERA

O que falei no capítulo anterior se aplica tanto a profissionais e assalariados quanto àqueles que estão envolvidos em negócios mercantis.

Não importa se você é médico, professor ou clérigo; se puder dar um aumento de vida aos outros e sensibilizá-los ao fato, eles ficarão atraídos por você, e você enriquecerá. Médicos que mantêm uma visão de si mesmos como grandes curadores bem-sucedidos, e que trabalham para a realização completa desta visão com fé e propósito, como descrito nos capítulos anteriores, se aproximarão tanto de tocar a Fonte da Vida que serão fenomenalmente bem-sucedidos; pacientes farão filas atrás deles.

Ninguém tem uma oportunidade maior de praticar o aprendizado deste livro do que os praticantes da medicina; não importa qual das muitas áreas às quais possam pertencer, já que o princípio da cura é comum a todas elas, e pode ser alcançado por todas igualmente. A Pessoa Próspera na medicina, que mantém uma imagem mental clara de si mesma como bem-sucedida, e que obedece as leis da fé, do propósito e da gratidão, curará cada caso que puder ser curado dos que tratar, independente de que remédios utilizar.

No campo da religião, o mundo clama pelo clérigo que pode ensinar aos ouvintes a verdadeira ciência da vida abundante. Aquele que dominar os detalhes da ciência de ficar rico, junto com as ciências aliadas de estar bem, de ser uma grande pessoa, e de ganhar amor, e aquele que ensinar esses detalhes do púlpito nunca ficará sem congregação. É este o evangelho do qual o mundo precisa; trará prosperidade de vida, e as pessoas o ouvirão de bom grado, e darão apoio liberal àquele que o trouxer.

O que é necessário agora é uma demonstração da ciência da vida a partir do púlpito. Queremos pregadores que possam não apenas dizer como, mas que, através das pessoas que são, nos mostrarão como. Precisamos do pregador que deseje e se torne rico, saudável, grandioso e amado, que nos ensine a conseguir todas essas coisas; e, quando ele aparecer, encontrará numerosos e leais seguidores.

O que é verdade para o professor, para o pregador e para o médico também é verdade para o advogado, o dentista, o corretor de imóveis, o agente de seguros — isto é, para todos.

A ação mental e pessoal combinada que descrevi é infalível; não tem como falhar. Todos os homens e mulheres que seguirem estas instruções com firmeza, perseverança e ao pé da letra, ficarão ricos. A lei da Prosperidade da Vida é tão matematicamente certeira em sua operação quanto a lei da gravitação; ficar rico é uma ciência exata.

O assalariado descobrirá que isso é tão verdadeiro em seu caso quanto no de qualquer um dos outros mencionados acima. Não sinta que não tem como ficar rico por trabalhar em um local onde não há oportunidades visíveis de prosperar, onde salários são baixos e o custo de vida é alto. Forme sua visão mental clara do que quer, e comece a agir com fé e propósito.

Faça todo o trabalho que puder fazer, todos os dias, e faça cada parte do trabalho de maneira perfeitamente bem-sucedida; coloque o poder do sucesso e o propósito de ficar rico em tudo que faz.

Mas não faça isso meramente com a ideia de conseguir favores com seu empregador, na esperança de que ele, ou que aqueles acima de você, vejam seu bom trabalho e deixem que você prospere; não é provável que eles façam isso.

O homem que é meramente um "bom" trabalhador, preenchendo seu espaço o melhor que pode, e satisfeito com isso, é valioso para seu empregador; e não é do interesse do empregador promovê-lo; ele vale mais onde está.

Para assegurar sua prosperidade, é preciso mais do que apenas ser grande demais para seu lugar.

A pessoa que de certo prosperará é aquela que é grande demais para seu lugar, e que tem um conceito claro do que deseja ser; que sabe que pode se tornar o que quer ser, e que está determinada a SER o que quer ser.

Não tente fazer mais do que preencher seu lugar atual com uma visão para agradar seu empregador; faça-o com a ideia de prosperar você mesmo. Mantenha a fé e o propósito de aumento durante as horas de serviço, depois das horas de serviço, e antes das horas de serviço. Mantenha-as de tal forma que cada pessoa que tiver contato com você, sejam capatazes, outros trabalhadores ou conhecidos, sentirão o poder do propósito irradiando de você; para que cada um deles perceba o senso de prosperidade e aumento vindos de você. Você atrairá outras pessoas, e se não houver a possibilidade de prosperar em seu trabalho atual, verá rapidamente uma oportunidade de começar outro emprego.

Há um Poder que nunca falha em apresentar oportunidades à Pessoa Próspera que se move em obediência à lei.

Deus não pode fazer outra coisa senão ajudá-lo, se agir de Determinada Maneira; Ele deve fazê-lo para poder Se ajudar.

Não há nada em suas circunstâncias nem na situação industrial que possa pará-lo. Se não puder enriquecer trabalhando em um truste de aço, pode enriquecer em uma fazenda de dez acres; e se você começar a se mover de Determinada Maneira, certamente escapará das "garras" do truste de aço e irá para a fazenda ou para onde mais quiser estar.

Se alguns milhares de empregados agissem de Determinada Maneira, o truste de aço logo se tornará uma má pedida; ele teria que dar mais oportunidades aos seus trabalhadores, ou ir à falência. Ninguém precisa trabalhar para um truste; os trustes podem manter pessoas em condições que chamamos de desalentadoras só porque há pessoas que são ignorantes demais para conhecer a ciência de ficar rico ou porque são preguiçosas demais sob o ponto de vista intelectual para praticá-la.

Comece essa forma de pensar e agir, e sua fé e seu propósito farão com que possa ver rapidamente qualquer oportunidade para melhorar sua condição.

Tais oportunidades aparecerão de forma veloz, já que o Supremo, trabalhando no Tudo, e trabalhando por você, as trará até você.

Não aguarde uma oportunidade para ser tudo que quer ser; quando uma oportunidade para ser mais do que é agora for apresentada e sentir o impulso de ir até ela, vá. Será o primeiro passo na direção de uma oportunidade maior.

Neste universo, não existe algo como falta de oportunidades para aqueles que estão vivendo uma vida próspera.

É INERENTE NA CONSTRUÇÃO DO COSMOS QUE TODAS AS COISAS SEJAM SUAS E QUE TRABALHEM JUNTAS PARA SEU BEM; E VOCÊ CERTAMENTE ENRIQUECERÁ SE AGIR E PENSAR DE DETERMINADA MANEIRA. ENTÃO DEIXE QUE HOMENS E MULHERES ASSALARIADOS ESTUDEM ESTE LIVRO COM MUITO CUIDADO E ENTREM COM CONFIANÇA NO CURSO DE AÇÃO QUE ELE PRESCREVE; NÃO TEM COMO FRACASSAR.

CAPÍTULO XVI
ALGUMAS ADVERTÊNCIAS E OBSERVAÇÕES FINAIS

Muita gente zombará da ideia de que existe uma ciência exata de ficar rico; mantendo a impressão de que o fornecimento de riqueza é limitado, eles insistirão que as instituições sociais e governamentais devem ser mudadas antes mesmo de que um número considerável de pessoas possa adquirir competência. Mas não é verdade.

É verdade que os governos que existem mantém as massas na pobreza, mas isso acontece porque as massas não pensam nem agem de Determinada Maneira.

Se as massas começarem a seguir adiante como foi sugerido neste livro, nem os sistemas governamentais nem os industriais podem impedi-las; todos os sistemas devem ser modificados para acomodar o movimento.

Se o povo tiver a Mente Avançada, tiver a Fé de que pode se tornar rico, e seguir em frente com o propósito fixo de se tornar rico, não existe nada que poderia mantê-lo na pobreza.

Indivíduos podem começar a agir de Determinada Maneira a qualquer momento, e, sob qualquer governo, e se tornarem ricos; e, quando um número considerável de indivíduos faz isso sob qualquer governo, eles fazem com que o sistema seja modificado de tal forma que ele se abre para os outros.

Quanto mais gente fica rica no plano competitivo, pior é para os outros; quanto mais gente fica rica no plano criativo, melhor é para os outros.

A salvação econômica das massas só pode ser obtida quando um grande grupo de pessoas praticar o método científico explicado neste livro e se tornarem ricas. Isso mostrará o caminho aos outros, e os inspirará com um desejo pela verdadeira vida, com a fé de que é possível, e com o propósito para chegar lá.

No presente, porém, é suficiente que nem o governo sob o qual você vive nem o sistema capitalista ou competitivo de indústria podem impedir que enriqueça. Quando entrar no plano criativo do pensamento, você se erguerá acima de todas essas coisas e se tornará um cidadão de outro reino.

Mas lembre-se de que seu pensamento deve ser mantido no plano criativo; nunca, nem por um instante, deve se trair vendo o fornecimento como algo limitado, ou agindo no nível moral da competição.

Quando cair na antiga forma de pensar, corrija-se instantaneamente; pois, ao estar na mente competitiva, você perde a cooperação da Mente do Tudo.

Não gaste tempo planejando como você lidará com possíveis emergências no futuro, exceto pelas políticas necessárias que poderão afetar suas ações de hoje. Você deve se preocupar em fazer o trabalho de hoje de forma perfeitamente bem-sucedida, não com emergências que possam surgir amanhã; poderá lidar com elas quando elas vierem.

Não se preocupe com questões de como você passará pelos obstáculos que possam aparecer em seu horizonte financeiro, a não ser que consiga ver claramente que seu curso deve ser alterado hoje para evitá-los.

Não importa quão tremenda possa parecer uma obstrução a distância; você descobrirá que, se lidar com ela de Determinada Maneira, ela desaparecerá quando você se aproximar, ou que uma forma de passar por, sobre ou ao redor dela surgirá.

Não há nenhuma possível combinação de circunstâncias que possa derrotar um homem ou uma mulher que está no processo de enriquecer seguindo métodos científicos estritos. Nenhum homem ou mulher que obedece à lei pode fracassar na hora de enriquecer, assim como não se pode multiplicar dois por dois e fracassar em obter um quatro.

Não dedique pensamentos ansiosos a possíveis desastres, obstáculos, pânicos ou combinações desfavoráveis de circunstâncias; há tempo o suficiente para enfrentar tais coisas na hora delas surgirem em seu presente imediato, e descobrirá que todas as dificuldades carregam consigo os recursos para serem superadas.

Controle sua fala. Nunca fale de si, de seus negócios ou de qualquer outra coisa de forma desencorajada ou desencorajadora. Nunca admita a possibilidade do fracasso ou fale de forma que sugira o fracasso como uma possibilidade. Nunca fale da época em que vive como sendo difícil, ou das condições de negócios como sendo duvidosas. A época pode ser difícil e os negócios duvidosos para aqueles que estão no plano competitivo, mas nunca para você; você pode criar o que deseja, e você está acima do medo.

Quando os outros estão passando por tempos difíceis e negócios ruins, você encontrará grandes oportunidades.

Treine-se para pensar e olhar para o mundo como algo que está se Tornando, que está crescendo; e para considerar o mal aparente como apenas aquilo que não foi desenvolvido. Sempre fale sobre avanços; fazer o contrário é negar a própria fé, e negar a própria fé é perdê-la.

Nunca se decepcione. Você pode ter expectativa de ter algo de uma forma específica em um momento específico e não conseguir naquele momento; isto, para você, parecerá um fracasso. Mas se mantiver sua fé, descobrirá que o fracasso é só aparente.

Continue de Determinada Maneira, e se não receber o que quer, receberá algo muito melhor que fará com que veja que aquele fracasso aparente era, na verdade, um grande sucesso.

Um estudante desta ciência havia decidido fazer uma certa combinação de negócio que pareceu, na época, algo muito desejável, e ele trabalhou por algumas semanas para fazê-la acontecer. Quando o momento crucial chegou, a coisa falhou de forma perfeitamente inexplicável, como se uma influência invisível estivesse trabalhando em segredo contra ele. Ele não ficou decepcionado; ao contrário, ele agradeceu a Deus que seu desejo havia sido indeferido, e continuou forte, com uma mente grata. Em algumas semanas, uma oportunidade muito melhor surgiu diante dele, tão boa que ele não teria feito o primeiro acordo de forma alguma; e ele viu que a Mente que sabe mais do que ele sabia o preveniu de perder o bem maior ao se envolver com o menor.

É assim que todo fracasso aparente funcionará para você, se mantiver a fé, abraçar seu propósito, tiver gratidão e fizer todos os dias tudo que puder ser feito naquele dia, fazendo cada ato separado de forma bem-sucedida.

Quando cometer um fracasso, é porque não pediu o suficiente; continue, e algo maior do que o que procurava certamente irá até você. Lembre-se disso.

Você não fracassará por não ter o talento necessário para o que deseja fazer. Se continuar seguindo minhas orientações, você desenvolverá todo o talento que for necessário para fazer o seu trabalho.

Este livro não tem a intenção de lidar com a ciência de cultivar talento; mas é algo tão certeiro e simples quanto o processo de ficar rico.

Contudo, não hesite nem duvide por medo de que, ao chegar a qualquer lugar determinado, fracassará por falta de habilidade; continue adiante e, quando chegar ao local, a habilidade será entregue a você. A mesma fonte de Habilidade que permitiu que Lincoln, sem instrução, fizesse o maior e melhor governo já realizado por uma única pessoa, também está aberta para você. Pode absorver tudo de toda a mente que existe para a sabedoria e usar as responsabilidades que surgem para você ao encontrá-la. Continue com fé.

Estude este livro. Torne-o seu companheiro constante até que tenha dominado todas as ideias contidas nele. Enquanto se estabelece com firmeza nesta fé, é bom desistir da maior parte das recreações e prazeres; e fique longe de locais onde ideias conflitantes com estas são ditas em palestras ou sermões. Não leia literatura pessimista ou conflitante, nem entre em discussões sobre o assunto. Leia muito pouco, além dos escritores mencionados no Prefácio. Passe a maior parte de seu tempo livre contemplando sua visão e cultivando sua gratidão, e lendo este livro. Ele contém tudo que você precisa saber a respeito da ciência de ficar rico; e você encontrará tudo que é essencial resumido no próximo capítulo.

CAPÍTULO XVII
RESUMO DA CIÊNCIA DE FICAR RICO

Existe uma matéria pensante da qual todas as coisas são feitas, e a qual, em seu estado original, permeia, penetra e preenche os espaços intermédios do universo.

Um pensamento nesta substância produz a coisa que é tornada imagem através do pensamento.

As pessoas podem formar coisas em seus pensamentos e, ao imprimir este pensamento na substância sem forma, as coisas que pensamos podem ser criadas.

Para isto, deve-se passar da mente competitiva para a criativa; de outra forma, não há como ficar em harmonia com a Inteligência Sem Forma, que é sempre criativa em espírito, nunca competitiva.

As pessoas podem entrar em harmonia total com a Substância Sem Forma ao entreter uma gratidão vivaz e sincera pelas bênçãos recebidas. A gratidão unifica a mente da pessoa com a inteligência da Substância, então os pensamentos são recebidos pela Sem Forma. As pessoas podem continuar no plano criativo apenas ao se unirem com a Inteligência Sem Forma através de um sentimento profundo e contínuo de gratidão.

As pessoas podem formar uma imagem mental clara e definitiva das coisas que desejam ter, fazer, ou virar; e devem manter esta imagem mental em seus pensamentos, enquanto se mantém profundamente gratas ao Supremo de que todos seus desejos são concedidos. A pessoa que desejar ficar rica deve passar suas horas livres contemplando sua Visão, e agradecendo sinceramente que a realidade está sendo dada a ela. Não é possível exagerar a importância da contemplação frequente da imagem mental, junto com a fé inabalável e a gratidão devota. Este é o processo pelo qual a impressão é dada à Sem Forma, e as forças criativas são colocadas em movimento.

A energia criativa funciona através dos canais estabelecidos de crescimento natural, e da ordem industrial e social. Tudo que é incluído em sua imagem mental certamente será trazido àqueles que seguirem as instruções oferecidas acima, e cujas fés não forem abaladas. O que você quiser virá até você através das formas estabelecidas de negócio e comércio.

Para receber o que é seu quando vier, é preciso ser ativo; e esta atividade só pode consistir em preencher seu lugar atual. É preciso manter em mente o Propósito de ficar rico através da realização da imagem mental. E é preciso fazer todos os dias aquilo que pode ser feito naquele dia, cuidando para que cada ato seja feito de forma bem-sucedida. É preciso dar a todas as pessoas um valor de uso superior ao valor monetário que receber, para que cada transação cause mais vida; e é preciso manter o Pensamento Avançado de que a impressão da Prosperidade será comunicada a todos com quem você entrar em contato.

Os homens e mulheres que praticarem estas instruções certamente enriquecerão; e as riquezas que receberam serão na proporção exata da certeza de suas visões, na fixidez de seus propósitos, na estabilidade de suas fés, e na profundidade de suas gratidões.